DUMONT DIREKT

Dubai

Gerhard Heck

Inhalt

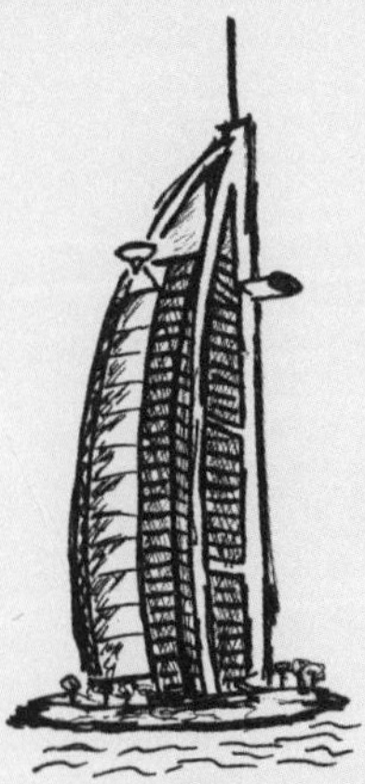

Das Beste zu Beginn

Dubai kennt jeder …
Für die einen ist das Emirat ein Beispiel für Größenwahn, für Luxus und Verschwendung – für die anderen ein Paradigma für Sonne und Strand, für Traumhotels, gigantische Shopping Malls und himmelstürmende Hochhäuser, für immer neue Rekorde im Guinness-Buch.

Traumbauten
Wenn Baukosten keine, Nachbarschaftsrecht noch kaum eine Rolle spielen, können Bauherren und Architekten Träume verwirklichen. Und so finden wir in Dubai eine weltweit einzigartige Hochhausarchitektur vor, wie die des Burj Al Arab und Burj Khalifa. Und wenn es zu eng wird, baut man eben auf's Meer hinaus.

Handel im Wandel – die Dhaus
Die hölzernen Frachtboote und die sie beladenden Arbeitskräfte aus der Dritten Welt sind zwar ein beliebtes Fotomotiv, aber heute nur noch der auffälligste Beitrag eines stark im Wandel begriffenen Seehandels. Ein Spaziergang entlang den ankernden Dhaus am Ufer des Creek führt Sie zurück in die 100-jährige Geschichte des Emirats.

Beduinische Gastfreundschaft
Die Gastfreundlichkeit der Dubai'in entstammt dem Alltag nomadisierender Beduinen, die Durchreisenden Wasser, Nahrung, ein Nachtlager und den Schutz des gastgebenden Sheikhs anboten. Auch heutige Besucher werden bei Kontakten mit Einheimischen wie Gäste behandelt und fast immer zu einem Tee oder Kaffee eingeladen.

Dubai hat's
340 Tage Sonne im Jahr, lange saubere Sandstrände am Arabischen Golf, das Abenteuer Wüste direkt vor der Tür, Gastfreundschaft und Sicherheit, u. a. im Sommer 2022 eine Impfquote gegen Corona von 90 %: Dubai hat all dies und noch viel mehr. Erleben Sie es selbst!

Palmen
Erst eine, dann zwei künstliche Halbinseln in Form von Palmen – und dann noch ein Archipel von rund 300 Inseln: The World. Inzwischen gibt es viele große und kleine Landgewinnungsprojekte entlang der Küste, die Dubais Sandstrände von ca. 40 km Länge auf über 300 km erweiterten.

!

Es werde Luft!
Um das Wohnen im Sommer erträglich zu machen, baute man seit Beginn des 20. Jh in Dubai an die Ecken der Lehmhäuser bis zu 15 m hohe Windtürme (Bild ► S. 40). Sie waren an allen Seiten offen und fingen durch zwei diagonal verlaufende Innenwände auch die schwächsten Brisen auf, die sie in die unten liegenden Räume leiteten. Eine geniale Idee. Noch heute wird bei Neubauten die Form der Windtürme als architektonisches Gestaltungselement benutzt.

Souqs
Orientalische Basare sind mehr als Einkaufsstätten und deshalb bei Einheimischen – trotz der vielen neuen Malls – sehr beliebt. Lassen Sie sich keinesfalls einen Besuch der traditionellen Souqs entgehen!

Zum Schmökern
In Joseph O'Neills Roman »The Dog« erlebt ein amerikanischer Anwalt in Dubai Höhen und Tiefen in Beruf und Alltag. Das ist spannend und unterhaltsam erzählt und verrät viel über die Stadt und ihre Bevölkerung.

Marhaba, Willkommen in Dubai. Sie fragen mich nach meinem Lieblingsplatz? Um morgens mit neuer Energie in die quirlige Stadt aufbrechen zu können, genieße ich das Park Hyatt Dubai, eine Oase der Ruhe, mitten in der Stadt und doch im Grünen, direkt am Creek gelegen mit Blick auf die Skyline des Burj Khalifa.

Fragen? Erfahrungen? Ideen?

Ich freue mich auf Post.

Mein Postfach bei DuMont:
heck@dumontreise.de

Das ist Dubai

Dubai ist multikulti, und zwar weit mehr, als man sich vorstellt. Internationalität gilt als ein Markenzeichen des Emirats, seit mehreren Generationen wird die Hafenstadt von der Tradition eines internationalen Handels geprägt. Man spürt Weltoffenheit. Nicht nur, weil heute Menschen aus mehr als 100 Nationen hier leben, arbeiten und das Straßenbild prägen, sondern weil Dubai selbst sich der Internationalität verschrieben hat: Die Hotelketten, das Warenangebot auf den Märkten und in den Shopping Malls, die unzähligen Nationalitätenrestaurants, Gotteshäuser auch für nichtmuslimische Religionen und vor allem das friedliche Nebeneinander im Alltag machen dies deutlich.

Traditionelle Herrschaft und Unternehmergeist

Die Umgestaltung des Emirats für eine Zukunft in der globalisierten Welt hat sich Sheikh Mohammed Bin Rashid Al Maktoum zum Ziel gesetzt. Er führt das Emirat wie ein Wirtschaftsunternehmen und versteht sich selbst nicht als Herrscher im traditionellen Sinne, sondern, wie er sagt, als *»good CEO« (chief executive officer),* also Vorstandsvorsitzender des Unternehmens Dubai. Von ihm wird berichtet, dass er ungeachtet seiner Regierungsverpflichtungen und seiner eigenen unternehmerischen Aktivitäten öfters ohne Begleitung durch Dubai fährt, unangemeldet auf Baustellen erscheint, Schulen und Polizeistationen aufsucht und sich nicht scheut, gegebenenfalls personelle Konsequenzen auf der Stelle durchzusetzen.
Ob als Herrscher oder als CEO – für sein Emirat im umfassenden Sinne Verantwortung zu tragen, entspricht ganz der beduinischen Tradition. Sheikh Mo, wie das Staatsoberhaupt in Dubai genannt wird, genießt im Emirat anerkennenden Respekt, ja geradezu hohe Verehrung.
Und wenn es allen gut geht, lässt man sich von seinem Sheikh auch ohne demokratische Legitimation regieren. Denn wenn sich doch einmal Unzufriedenheit einstellen sollte, wendet man sich direkt an den Emir. In der traditionellen *majlis,* dem wöchentlichen Empfang des Herrschers für seine Untertanen, trägt man sein Anliegen persönlich vor. Und Sheikh Mo findet in der Regel eine gute Lösung.

Expatriates – nicht nur dienstbare Geister

Der hohen Zufriedenheit der ca. 250 000 Dubai'in, den *nationals* mit dem begehrten Pass der Vereinigten Arabischen Emirate (VAE), steht die relative Zufriedenheit der rund 3,3 Mio. Expatriates (2020), der ausländischen ›Gastarbeiter‹, gegenüber. Besucher sind angetan, wie freundlich und schnell sie in Dubai bedient werden, wie sauber die Straßen sind und wie viele Dienstleistungen ihnen geboten werden. Diesen ungewohnten Luxus am Urlaubsort verdanken sie den vielen Arbeitskräften aus der ›Dritten Welt‹, die zwar in Dubai das Doppelte bis Dreifache von dem verdienen, was sie zu Hause bekämen, was aber wegen des Lohnunterschieds zum Heimatland mit 300–400 US-$ andererseits so niedrig ist, dass Luxus zwar nicht für sie, wohl aber für die touristischen Besucher in Dubai erschwinglich bleibt.

Eine interessante Frage: Fühlt man sich dort oben im Burj Al Arab wohler oder unten im Resort Madinat Jumeirah? Dubai lässt oft die Qual der Wahl.

Den besser verdienenden *expats* aus Europa und den USA begegnen Sie auf den Kulturveranstaltungen, in der Szene der Unterhaltungsangebote, in den Restaurants und in den Clubs. Sie geben Dubai das spezifische Kolorit.

Bauen ohne Grenzen

In den letzten beiden Jahrzehnten wurde das große Geld, das Dubai in die Moderne katapultierte, nicht mehr am Creek und auf den Erdölfeldern verdient – nicht mehr mit Weihrauch, Gewürzen und Perlen, sondern mit Autos, Computern und vor allem mit Bauen. Denn eine neue Generation von Geschäftsleuten ist aus den alteingesessenen Familien hervorgegangen, deren Metier heute zwar immer noch der Handel, aber auch Immobilien und deren Vermarktung sind. So entstanden in Dubai Ikonen der Architektur, die weltweit Aufsehen erregten, aber auch – geleitet vom Interesse am schnellen Geld – einfallslose Apartmentsilos.

Übermorgenland

Das Erdöl spielt für das Bruttosozialprodukt heute eine nachgeordnete Rolle. Die Stadt besitzt eine Skyline, die oft mit der von Manhattan verglichen wird. In Dubai legen mehr Schiffe an als in Singapur. Vor der Küste entstehen Inseln im Grundriss von Palmen und im Hinterland riesige Unterhaltungsparks, die in Ausmaß und Architektur (nicht in der Freizügigkeit des Angebots) die von Las Vegas in den Schatten stellen. Eine ähnliche Dichte an Luxushotels bietet außer London keine andere Stadt der Welt. Luxus ist auch das Markenzeichen der vielen attraktiven Shopping Malls, in einer kann man sogar ganzjährig Ski fahren. Seit 2010 ragt der 828 m hohe Burj Khalifa als höchstes Gebäude der Welt in den Himmel Dubais, und von Oktober 2021 bis März 2022 kamen allein 20 Mio. Besucher anlässlich der Weltausstellung EXPO ins Emirat.

Leben in Dubai

Die Familie ist das Zentrum arabischen Lebens und die wichtigste Institution in der arabischen Gesellschaft. Familien ›arrangieren‹ die Verheiratung ihrer Kinder, der Zusammenhalt zwischen Geschwistern bleibt zeitlebens groß, ältere Familienmitglieder genießen respektvolle Ehrerbietung. Ein jüngerer Mann wird einem älteren Mann in der Öffentlichkeit niemals widersprechen. Auch ältere Frauen nehmen innerhalb der Familie eine geachtete Stellung ein. Die Privatsphäre in der Familie wird in den Emiraten nach außen sehr abgeschirmt. Werden ausländische Besucher in eine Familie, etwa zu einer Hochzeit, eingeladen, ist dies eine besondere Ehre.

Eheschließung

Hochzeiten sind traditionell die größten Familienfeste. Die Feierlichkeiten dauern mindestens drei Tage und enden meist am Donnerstagabend. Art und Weise der Partnerwahl haben sich bis heute wenig verändert. Sehr oft – früher häufiger als heute – heiraten Cousins und Cousinen untereinander, weil dies die Familienbande stärkt. Mit der Auswahl des Ehepartners wird ein erfahrenes Familienmitglied beauftragt, und fast immer sind die zukünftigen Eheleute mit der Wahl einverstanden. Früher heirateten Frauen am Golf im Alter von 13 bis 15, heute wegen des Schul- und Universitätsbesuchs nicht unter 20 Jahren. Jungen und Mädchen treffen sich vor ihrer Verheiratung nur, wenn viele andere Gleichaltrige oder erwachsene Familienmitglieder anwesend sind. Allerdings eröffnet das Internet neue, von Eltern nicht zu kontrollierende Möglichkeiten.
Vor einer Heirat müssen sich Brautvater und Bräutigam über den Brautpreis *(al mahr)* einigen. Dieses Geld zahlt der Bräutigam zwar an den

Ein Familienausflug mit Spaziergang über die Promenade, wie hier an The Crescent an der Palm Jumeirah, gehört auch in Dubai zu den beliebtesten Freizeitvergnügen.

Vater, aber es gehört der Braut, damit sie im Scheidungsfall nicht mittellos dasteht. Zusätzlich werden Gold und Ausstattung für die Wohnung oder das Haus als Geschenke erwartet. Auch die Eltern der Braut beschenken die Familie des Bräutigams.
Die Heirat wird durch einen Vertrag vor einem Richter oder Geistlichen geschlossen. Die Zeremonie findet traditionell in der Familienwohnung der Braut statt. Danach beginnen die Vorbereitungen für das große Fest. Auch auf den Hochzeitsfeiern herrscht eine strenge Geschlechtertrennung: Es gibt eine Feier der Braut, an der nur Frauen teilnehmen, und eine des Bräutigams für die männlichen Gäste. Traditionell verbringen die Eheleute die Hochzeitsnacht im Haus der Brauteltern. Heute überbieten sich in Dubai die Hotels mit Spezialarrangements für Hochzeitsfeiern und Hochzeitsnächte.

Scheidung

Ob arabische Ehen als *arranged marriages* länger halten als *love marriages* in westlichen Kulturkreisen, soll hier nicht erörtert werden. Keine Frau kann gegen ihren Willen von ihrem Vater zur Heirat gezwungen werden und kann, genau wie der Mann, um Scheidung der Ehe ersuchen.
Beide können vor Gericht jeweils die Scheidung beantragen, wenn es ihm oder ihr wegen erlittener Schäden oder Zerwürfnissen unmöglich ist, die Ehe fortzusetzen. Der Richter ist verpflichtet, einen Versöhnungsversuch zu unternehmen. Scheitert der Versuch, spricht er die Scheidung aus. Für Frauen gelten in der VAE als gesetzliche Scheidungsgründe z. B. die Nichtbezahlung des Brautpreises, die Nichtleistung von Unterhalt, bestimmte Krankheiten des Ehemannes oder seine unerklärte längere Abwesenheit. Nach einer Scheidung kehrt die Frau mit den Kindern in das Haus ihrer Eltern zurück, der Mann muss für den Kindesunterhalt aufkommen. Wenn die Söhne sieben Jahre alt sind, ziehen sie von der Mutter zum Vater, die Töchter bleiben bei der Mutter. Geschiedene Frauen heiraten in der Regel bald wieder.

Arabische Namen

Dem arabischen System der Familiennamen liegen die Vater-Sohn- bzw. die Vater-Tochter-Beziehung und die Zugehörigkeit zur Großfamilie zugrunde. Ein Beispiel: Der derzeitige Herrscher Dubais heißt Sheikh Mohammed Bin Rashid Bin Saeed Al Maktoum. *Sheikh* ist sein Titel. *Bin* heißt nichts anderes als ›Sohn von‹ (bei der Transkription findet man statt *bin* auch gleichbedeutend *ibn)*. Der Name von Sheikh Mohammed besagt also, dass er der Sohn von Rashid ist, der wiederum der Sohn von Saeed war. Al Maktoum bezeichnet das dynastische Geschlecht, das wiederum Teil eines Stammes ist, in diesem Fall des Stammes der Bani Yas.
Auch nach der Heirat behält die Braut ihren ›Mädchen‹-Namen als ›Tochter‹ (arab.: *bint*) ihres Vaters. Sheikh Mohammed heiratete 2006 die Tochter des verstorbenen Königs Hussein von Jordanien, Prinzessin Haya. Ungeachtet ihrer Ehe mit Sheikh Mohammed war ihr Name weiterhin Haya bint Hussein. Frau Haya bint Hussein lebt seit 2019 mit ihren beiden Kindern in London. Die Ehe wurde 2021 geschieden.

Dubai in Zahlen

1

AED (Arabian Emirates Dirham) kostet eine Abra-Fahrt über den Creek.

3,67

AED kostet seit 1994 ein US-Dollar, egal wie viel Euro wir beim Geldwechsel für einen Dollar ausgeben müssen.

6

% Anteil hatte der Verkauf von Erdöl 2015 nur noch an der Wirtschaftskraft Dubais.

7

Scheichtümer von sehr unterschiedlicher Größe und Wirtschaftskraft schlossen sich 1971 zu den VAE zusammen.

10

Mio. US-$ gewinnt der Sieger des Pferderennens Dubai World Cup.

16

Mio. Besucher übernachteten 2018 mindestens eine Nacht in Dubai.

89

Mio. Passagiere landeten 2018 auf dem Dubai International Airport.

90

% der Einwohner Dubais sind Expatriates, ausländische ›Gastarbeiter‹.

512
Künstler aus 39 Ländern haben 2019 auf der Kunstmesse Art Dubai ihre neuesten Werke ausgestellt.

828
m misst der Burj Khalifa und ist damit das höchste Gebäude der Welt.

956
Ehen wurden 2019 in Dubai geschlossen, bei denen beide Eheleute Dubai'in waren.

1621
Läden und Geschäfte warten auf Sie allein in der Dubai Mall.

3890
km² beträgt die Fläche des Emirats Dubais.

7974
Kinder wurden 2018 in Dubai von emiratischen Eltern geboren.

550 000
Menschen benutzen täglich die Metro in Dubai.

7
der 29 Mitglieder des Regierungskabinetts von Dubai sind Frauen.

Was ist wo?

Die Geschichte des Emirats und der Stadt Dubai begannen am Al Khor, einem schmalen Meeresarm, der wie ein Finger 14 km weit in das flache Wüstengebiet des Hinterlands hineinreicht. Dieser Meeresarm, der einem Fluss gleicht, war als natürlicher Hafen Anfang und Voraussetzung allen Erfolgs. ›The Creek‹, so heißt er in der Sprache der mit der Geschichte Dubais eng verbundenen Briten, ist bis heute Anlegeplatz von hölzernen Dhaus, die in Fünferreihen dicht gedrängt an den Kaimauern festmachen.

Als im Jahr 1971 Dubais erster **Flughafen** (Karte 2, W/X 6/7) wenige Kilometer östlich des Creek eröffnet wurde, lag er weit draußen in den Sanddünen. Heute befindet er sich mitten in der Stadt, die sich immer weiter ausdehnt – vor allem gen Südwesten entlang der Küste.

Bur Dubai und Deira

Der Creek teilt den historischen Stadtkern in das **westliche Bur Dubai** und das **östliche Deira** (V 4). Bis in die 1960er-Jahre bestand die Stadt nur aus diesen beiden Stadtteilen. Hier, im historischen Dubai, liegen die beiden alten **Souqs,** das **Bastakiya-Viertel** und die wenigen historischen Gebäude wie z. B. **das Al Fahidi Fort** oder das **Sheikh Saeed House.** Überhaupt ist dieser historische Teil Dubais der kulturell interessanteste. Nicht nur, weil auf **Shindagha** mehrere historische Häuser rekonstruiert wurden, die heute zum Teil auch als Museen dienen, sondern weil man sich im angrenzenden Stadtteil Al Seef um eine vollkommen neue, aber täuschend echte historische Bauweise bemühte. In der **Al Fahidi Historical Neighbourhood** kann man sich der Bewunderung für die kurze Zeitspanne der Entwicklung Dubais von einer Beduinenansiedlung zur global orientierten Metropole nicht entziehen. Denn in Dubai ist heute nichts mehr so, wie es vor zwei Generationen einmal war.

Sheikh Zayed Road

Seit den 1970er-Jahren investierte die Herrscherfamilie Al Maktoum in moderne Infrastruktur. Es wurden Brücken über den Creek, Parks und vor allem breite Straßen gebaut, darunter die **Sheikh Zayed Road** (Karte 3, A–O 4/5), die den Namen des 2004 verstorbenen Staatsgründers der Vereinigten Arabischen Emirate (VAE) trägt. Sie verbindet seit 1980 Bur Dubai mit dem neuen Hafen **Jebel Ali** und der **Freihandelszone,** die ca. 30 km vom Zentrum entfernt an der damals menschenleeren Westküste aus dem Sand gestampft wurden. Sie ist die erste Adresse der Wirtschaftsunternehmen. An der Sheikh Zayed Road liegen das **Finanzzentrum** mit der Börse, ein Dutzend der stadtnahen Luxushotels und seit 2010 der Burj Khalifa, das höchste Gebäude der Welt. Weiter draußen in Richtung Westen eröffneten entlang der Sheikh Zayed Road mehrere der großen Shopping Malls, darunter die **Mall of the Emirates** und die **Ibn Battuta Mall.** Auch die erste und längste Linie der 2009 eröffneten **Metro,** die Red Line, verläuft entlang dieser Straße.

Downtown Dubai

Ein neues, stadtnahes Zentrum ist der Stadtteil **Downtown Dubai** (Karte 2, R/S 4/5). Sein Mittelpunkt sind der **Burj Khalifa** mit seinen Wasserspielen, die **Dubai Mall,** ein Dutzend weiterer Luxushotels als architektonisch imponierende Wolkenkratzer, die **Dubai Opera** und die neue **Business Bay,** ein Bürokomplex aus vielen Hochhäusern, der seit 2017 durch den **Dubai Water Canal** mit dem Meer am Jumeirah Beach verbunden wird.

Jumeirah Beach

Der **Strand von Jumeirah** (🕮 Karte 3, H–N 3/4), der sich kilometerlang im Westen der Stadt ausdehnt, ist die erste Adresse für Badeurlauber. Er beginnt hinter dem **Etihad Museum** und dehnt sich ca. 20 km bis zur **Dubai Marina** aus. Nur im Resort **Jebel Ali,** 50 km vom alten Stadtzentrum in Richtung Abu Dhabi, gibt es gleichwertige Badestrände. Von der Sheikh Zayed Road zweigen an Kreuzungen *(interchanges)* Straßen zum ca. 3 km parallel zu ihr verlaufenden Jumeirah Beach ab. Wenn Sie sich direkt an der Küste bewegen möchten, sollten Sie die Jumeirah Road wählen, deren Verlängerung King Salman Bin Abdulaziz Al Saud Street heißt.
Am Jumeirah Beach reihen sich die großen Luxushotels aneinander, jedes schöner, prächtiger und größer als das andere. Hier steht auch das spektakulärste und teuerste Hotel Dubais, das **Burj Al Arab.** Am Beginn des Jumeirah Beach erstreckt sich auch die weitläufige Strand- und Unterhaltungsanlage La Mer.

The World und The Palm Jumeirah

Weil der Jumeirah Beach als Strand nicht ausreicht, wurden seit 2001 mehrere kleinere Halbinseln und zwei besonders große in Form von Palmen und das Archipel **The World** (🕮 Karte 2, P–R 2/3) draußen im Meer aufgeschüttet. Sie erweitern Dubais ursprünglich nur ca. 50 km lange Küste um mehr als 200 km schönsten Sandstrandes.
Die erste dieser ›Palmen‹, **The Palm Jumeirah** (🕮 Karte 3, J–M 1–3), ragt in Höhe des Hotels One & Only Royal Mirage 5 km weit ins Meer. Auf ihr eröffnete 2008 als erstes das Luxushotel Atlantis, seitdem fast ein weiteres Dutzend. Entlang des Palmenstammes wohnt man in teuren Apartments und auf den 16 Palmwedeln stehen Hunderte von Traumvillen. Den besten Blick auf das Gesamtkunstwerk der Palm Jumeirah hat man von **The View** (► S. 15).

Augenblicke

Der Himmel ist die Grenze

Einst eine überschaubare Fischersiedlung zu beiden Seiten des Creek, dehnt sich die Stadt Dubai heute entlang der gesamten Küste des Emirats aus. Hinzu kommen seit 2001 große Landgewinnungen durch zwei ›Palmen‹ und eine künstliche Inselgruppe in Form der Weltkarte. Das gigantische Gesamtkunstwerk der Palm Jumeirah können Sie am besten aus der Luft wahrnehmen (www.skydivedubai.ae) oder seit 2021 aus 240 m Höhe von der Aussichtsplattform des Palm Tower, vom The View (www.theviewpalm.ae).

Gold ist Standard

Gold und Goldschmuck spielten in beduinischen Gesellschaften seit alters her eine große Rolle. An dieser Tradition hält man auch heute noch in Dubai fest. Der Goldsouq der Stadt ist mit ca. 400 Läden der größte der Arabischen Halbinsel. ›The City of Gold‹ steht deshalb in großer Neonschrift an seinem südlichen Eingang. Die übervoll dekorierten Schaufenster lassen keine Zweifel aufkommen: Hier ist wirklich alles Gold, was glänzt.

Automobilität mit Bremse

Dubai scheint auch dank der örtlichen Benzinpreise eine perfekte Autostadt: Jeder erwachsene Dubai'in fährt mindestens ein klimatisiertes Auto, das Straßennetz innerhalb der Stadt ist mehrspurig ausgebaut und bis in die Wohnsiedlungen ohne Makel. Trotzdem kann es auf den Straßen schon mal ziemlich eng werden, wie hier auf der abendlichen Sheikh Zayed Road. Auch die 2007 eingeführte Salik-PKW-Maut hat daran kaum etwas geändert. Doch Dubai versucht seit der Unterzeichnung des Kyoto- (1997) und des Pariser (2015) Klimaabkommens der Vorliebe für das eigene Auto mit einem hervorragenden öffentlichen Personennahverkehr Herr zu werden.

Ihr Dubai-Kompass

WOMIT FANGE ICH AN?

#2
Das historische Dubai – **Al Fahidi Historical Neighbourhood**

IM VIERTEL DER ENGEN GASSEN

#3
Dubais Geschichte nacherleben – **das Al Fahidi Fort**

HINTER DIE MAUERN BLICKEN

#1
Dubai zu Wasser – **unterwegs auf dem Creek**

PENDELN wie die DUBAI'IN

#15
Jagdvögel als VIP-Patienten – **in der Falkenklinik**

VIB
VERY IMPORTANT BIRD

#14
Kamele zum Anfassen – **auf dem Souq Jamal in Al Ain**

STREICHELZOO, ARABISCHE ART

#13
Still und sternklar – **Übernachten in der Wüste**

Sand Sand Sand

#12
Sieben Sterne verwöhnen die Welt – **das Burj Al Arab**

Gast, Tagesgast oder Zaungast?

#4
Nationales Monument **– das Sheikh Saeed Al Maktoum House**

#5
Lebendige Folklore – **Shindagha District und Al Seef**

#6
So wohnten Perlenhändler – **das Heritage House**

#7
Gold und Gewürze – **in den Souqs**

#8
Speisen mit Dreh – **im Restaurant Al Dawaar**

#9
Die schönste Moschee in Dubai – **Jumeirah Mosque**

#10
Das höchste Gebäude der Welt – **Burj Khalifa**

#11
Flamingos – **Ras Al Khor Wildlife Sanctuary**

1

PENDELN wie die DUBAI'IN

Dubai zu Wasser – **unterwegs auf dem Creek**

Alles begann am Creek (arab.: Al Khor): Den von der Golfküste weit ins Hinterland reichenden schmalen Meeresarm überquerten die frühen Dubai'in mit kleinen Ruderbooten, die später von hölzernen, von Dieselmotoren angetriebenen Fähren abgelöst wurden. Die etwa 15-minütige Fahrt ist ein sinnliches Vergnügen und vermittelt Ihnen en passant erste Einblicke in die Architekturgeschichte Dubais.

Der Kapitän langweilt sich … und zückt das Handy. Die Abras sehen aus, als seien sie 100 Jahre alt … aber doch ist alles hier wohlorganisiert.

An der Mündung des Creek ließen sich vor 200 Jahren jene Beduinen nieder, deren Kindeskinder heute als Dubai'in zu den wohlhabendsten Menschen der Welt zählen. Der Creek teilte Dubai und hielt die beiden Stadtteile zugleich zusam-

men: Bur Dubai auf der südwestlichen und Deira auf der gegenüberliegenden Seite. In Shindagha, an der Spitze Bur Dubais, beginnt er und führt in Richtung Süden bis zum Vogelschutzgebiet von Ras Al Khor. Inzwischen wurde er künstlich ›verlängert‹ und ist seit 2017 als Dubai Water Canal vorbei an der Business Bay und dem Burj Khalifa mit dem offenen Meer am Jumeirah Beach (Water Canal Station) verbunden.

Ehemals ein kleines Abenteuer

Von Anfang an war die Überquerung des Creek für die Bewohner von Dubai Teil ihres Alltags. So ist es bis heute geblieben, obwohl es inzwischen mehrere Brücken und einen Autotunnel gibt. Mehr als 50 000 Menschen benutzen jeden Tag die hölzernen Boote, *abra* genannt (Plural arab. *abrat,* engl. *abras),* die zwischen ausgewiesenen Anlegestellen hin und herpendeln. Wurden früher am Freitag die Bewohner aus Deira zum Mittagsgebet in die Große Moschee in Bur Dubai kostenlos übergesetzt, so müssen heute alle Fahrgäste einen Dirham bezahlen.

Lange Zeit ging es auf den *abras* sehr chaotisch zu. Man musste mit viel Geschick an Bord springen, die Boote waren oft überfüllt, und der Kapitän sammelte das Fahrgeld während der Fahrt ein, während er das Ruder festklemmte. Ganz selten ging einmal ein unachtsamer Passagier über Bord – und wurde ganz schnell von den Mitfahrenden aus dem Creek gezogen. Ertrunkene gab es dabei glücklicherweise nie.

Heute hat die ›Roads & Transport Authority‹ (RTA) den Bootsverkehr auf dem Creek perfekt organisiert. Die Anlegestellen wurden mit neuen Pontons ausgerüstet, die man über einen trittsicheren Steg erreicht. Dabei passieren Sie ein Drehkreuz, das die Passagiere zählt und nach genau 20 Personen stoppt, um das Überladen der Boote zu verhindern. Nur den einen Dirham sammelt der Kapitän noch immer während der Fahrt ein.

Die schmalen Boote verfügen über schattenspendende Dächer, die vielfach für Reklamezwecke genutzt werden. Sie sitzen auf der mit Wachstuch bespannten Abdeckung des Dieselmotors, 10 Passagiere auf jeder Seite, quer zur Fahrtrichtung, Rücken an Rücken. Daher sollten Sie vor Fahrtantritt entscheiden, ob Sie die Skyline des Deira- oder

A
ACHTUNG

Kleiner Abra-Knigge: Der Name Abra kommt aus dem Arabischen und bedeutet ›überqueren‹. Weil man auf der **Überfahrt mit der Abra** dicht an dicht sitzt, setzen sich Frauen immer neben Frauen. Wenn dies nicht möglich ist, stellen sie zumindest ihre Taschen zwischen sich und den Mann.

des Bur Dubai-Ufers während der Fahrt an sich vorübergleiten lassen möchten.

Auf der kürzeren der beiden Linien – von der **Bur Dubai Abra Station** ❶ zur **Deira Old Souq Station** ❷ – dauert die Fahrt ca. 10 Min., auf der längeren – von der **Dubai Old Souq Station** ❸ zur **Al Sabkha Station** ❹ – 15 Min. Angesichts des zu vernachlässigenden Fahrpreises bieten die *abras*

INFOS/ÖFFNUNGSZEITEN

Fahr- und Verkehrszeiten der *abras* (▶ S. 113). Den Fahrpreis von 1 AED bezahlen Sie direkt beim Kapitän; am besten abgezählt, denn größere Wechselgeschäfte sind während der Fahrt schwierig.
Weil unter Besuchern Bootfahren immer beliebter wird, bietet die RTA weitere Möglichkeiten an, Dubai auf dem Wasserweg kennenzulernen. Dazu zählen der **Dubai Water Bus** (▶ S. 113) und die **Dubai Ferry** (▶ S. 113). Sie verkehrt zwischen dem Creek (Al Ghubaiba Station) und der Dubai Marina dreimal am Tag, ist relativ schnell und komfortabel. Für die Strecke entlang der Küste benötigt sie ca 1 ½ Std. Abfahrtszeiten 11, 13 und 18.30 Uhr (50 AED für eine Strecke). Zur Fahrt auf dem neuen Dubai Water Canal ▶ S. 23.

Dubai Grand Mosque 2: tgl. 6–22 Uhr, aber Zutritt nur für Muslime
H. H. Rulers Court 3: kein Zugang für die Öffentlichkeit
Al Seef 4: historisch rekonstruierter neuer Stadtteil
Deira Old Souq 5: tgl. 9–21 Uhr, Anreise: Metro Green Line, Station Al Ras

Cityplan: Karte 2, V 4–6 | **Metro** Green Line, Station Al Ghubaiba auch eine schöne Gelegenheit, den Creek und die Skyline Dubais mehrmals zu genießen.

Zwischen Wolkenkratzern und kreischenden Möwen

An den Ufern des Creek spiegelt sich die Entwicklung der Stadt wider. Daher gewährt eine Fahrt auf dem Creek auch Einblicke in die Architekturgeschichte Dubais. Sie kommen zunächst auf der Bur-Dubai-Seite am historischen **Bayt Al Wakeel** 1 vorbei, neben dessen renovierter Fassade die hohen Minarette der **Dubai Grand Mosque** 2 in den Himmel ragen, dann am mächtigen weißen Palast, der das Gericht der Stadt, den **H. H. Rulers Court** 3, beherbergt. Daran schließt sich das seit 2016 historisch rekonstruierte **Al Seef** 4 an.

Auf der Deira-Seite des Creek stehen am Eingang des **Deira Old Souq** 5 restaurierte Windtürme, und in südlicher Richtung schimmern die gläsernen Fassaden der modernen Banken- und Geschäftshochhäuser in der Sonne. An den Kais des Deira-Ufers ankern alte Dhaus in mehreren Reihen nebeneinander und warten auf ihre Be- oder Entladung. Stets begleiten Vögel die Abras auf ihrer Fahrt über den Creek, wissen sie doch, dass es immer Passagiere gibt, die sie füttern. Die frechsten unter den Möwen schnappen die Brocken im freien Flug. Dieses Schauspiel ist im Fahrpreis inbegriffen …

Wenn es dunkel wird, hängen die Kapitäne eine kleine Petroleumlampe an den vorderen Mast. Die Boote selbst sind dann kaum noch zu sehen, nur die kleinen Laternen gleichen Irrlichtern, die sich auf dem Creek hin und her bewegen.

Traditionspflege im Einklang mit Umweltschutz

Zurzeit verkehren ca. 150 *abras* auf dem Creek. Die schweren Dieselmotoren erzeugen jedoch hohe Emissionswerte. Seit Jahren läuft daher ein Projekt, um die Fähren auf Gas umzustellen. Noch hört man aber am monotonen Tuckern, dass die meisten immer noch von Dieselmotoren angetrieben werden. Diese im Grunde anachronistischen *abras* wird es, egal mit welchem Motor, vermutlich noch lange geben, denn sie gehören zu den geliebten Traditionen des Emirats und sind aus Dubai kaum wegzudenken.

S SOLOTRIP

Wenn Sie den Creek lieber auf einer individuell bestimmten Route befahren möchten, können Sie an den Anlegestellen bei den Kapitänen eine *abra* für sich alleine mieten. Den Mietpreis von 120 AED für eine Stunde hat die RTA festgelegt. Und wenn Sie nachher zufrieden sind, legen Sie ein Trinkgeld drauf.

Kamel mal anders: Der grüne Creekside Park mit der Childrens City zeigt, wie sehr die Bewohner Dubais ihre Oasen am Fluss lieben.

2

IM VIERTEL DER ENGEN GASSEN

Das historische Dubai – Al Fahidi Historical Neighbourhood

Mehr als 100 Jahre lang hieß das älteste Viertel Dubais Bastakiya. Seinen heutigen emiratisierten Namen verdankt es der Nähe zum Al Fahidi Fort. Im alten Bastakiya wohnten sunnitische Araber, die sich den Repressalien des schiitischen Herrschers in Persien, Naser ad-Din Shah, seit 1890 entzogen und Namen und Architektur Ihrer iranischen Heimat mit an den Creek brachten. Heute finden Sie in der Al Fahidi Neighbourhood Cafes, Galerien und Museen.

Das historische Dubai mit seinen alten Lehmhäusern und verwinkelten Gassen im Schatten von Al Fahidi Fort und Großer Moschee gehört der Vergangenheit an. Als Mitte der 1970er-Jahre dank des Erdölbooms viele alteingesessene Familien aus dem engen Bastakiya-Viertel in neue moderne große Villen im Westen der Stadt zogen,

In der Mittagshitze wird es ruhig in der Al Fahidi Historical Neighbourhood.

waren die alten Häuser am Creek dem Verfall und später dem Abriss preisgegeben.

Lehm statt Palmwedel

Dabei waren die Häuser im Stadtteil Bastakiya gar nicht so alt. Fast alle wurden erst nach 1902 gebaut, als sunnitische Händler aus der iranischen Stadt Lingeh nach Dubai geflohen waren. Sie vereinbarten mit der britischen Kolonialmacht, dass die British India Steam Navigation Company fortan auch Dubai mit ihren Handelsschiffen ansteuerte. So entwickelte sich Dubai nach dem Ersten Weltkrieg zu einem kleinen bescheidenen, aber dennoch internationalen Hafen.

Die iranischen Einwanderer gaben ihrem neuen Zuhause den Namen jener südpersischen Provinz Bastak, die sie gerade verlassen hatten. Bald entstanden Häuser aus Lehm und Korallensteinen, die sich von den beduinischen Barasti-Hütten aus Palmwedeln deutlich in Komfort und Aussehen unterschieden. Ihre Häuser besaßen auch jene Windtürme, die den Neubürgern zu einem ähnlich angenehmen Wohnklima verhalfen, wie sie es aus ihrer Heimat kannten. Als Anerkennung

Ü
ÜBRIGENS

Ein Stück echter Orient: In der Al Fahidi Historical Neighbourhood heißen die Straßen und engen Gässchen *sikkas*, und die Häuser sind nummeriert. Ein System fortlaufender Hausnummern gibt es allerdings nicht.

ihres Entwicklungsbeitrags für das Emirat erhielten diese Familien 1971 anlässlich der Staatsgründung auch die Staatsbürgerschaft der VAE.

Geglückte Wiederbelebung

Inzwischen sind in Bastakiya alle historischen Häuser restauriert und rekonstruiert worden. Das Viertel trägt jetzt den emiratisierten Namen Al Fahidi Historical Neighbourhood und

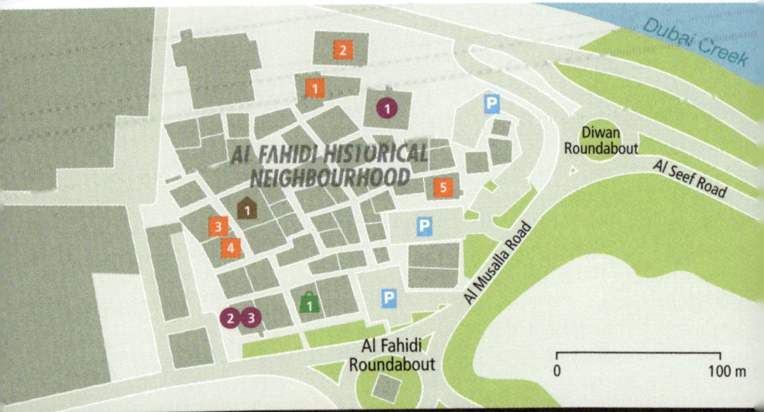

Cityplan: V 4 | **Metro** Green Line, Station Al Fahidi

INFOS/ÖFFNUNGSZEITEN

Ein Rundgang durch Bastakiya dauert eine Stunde; die beste Zeit dafür ist der späte Vormittag.

Emirates Postal Museum 1: Haus 5, T 353 90 90, So–Do 9–13 Uhr, Eintritt frei

Architectural Heritage Department 2: Haus 3, T 353 90 90, So–Do 9–14 Uhr

Coffee Museum 3: Kaffeemuseum ► S. 81

Khanjar Museum 4: Bayt Al Khanjar ► S. 80

Sheikh Mohammed Centre for Cultural Understanding (SMCCU) 5: T 353 66 66, www.cultures.ae, Sa–Do 10–12 Uhr

XVA Art Hotel 1: mit Café und Kunstgalerie, ► S. 87

KULINARISCHES FÜR ZWISCHENDURCH

Bastakiya Nights 1: T 353 77 72, tgl. 11–22 Uhr, €€

XVA Café: im XVA Art Hotel (s. o.), T 353 53 83, tgl. 7–22 Uhr, auch Frühstück; Hausgetränk: Mint-Lemon-Limonade, €

Arabian Tea House 2: T 353 50 71, tgl. 7.30–22 Uhr, https://arabianteahouse.net, €€

Local House 3: T 05 22 58 18 30, tgl. 10.30–23, Fr 12–23 Uhr, Spezialität ›Camel Burger‹, €

BUMMELN

XVA Gallery: im XVA Art Hotel (s. o.), T 353 53 83, www.xvagallery.com, tgl. 10–18 Uhr

Majlis Gallery 1: Al Musalla Roundabout, T 353 62 33, www.themajlisgallery.com, Sa–Do 10–14 Uhr in die historischen Bauten ist das Leben zurückgekehrt. So gibt es direkt am Eingang des Viertels ein kleines Briefmarkenmuseum, das **Emirates Postal Museum** 1. Gleich daneben ist in einem 1930 erbauten Haus das **Architectural Heritage Department** 2 der Stadtverwaltung untergebracht. Besuchenswert in Bastakiya sind auch das **Coffee Museum** 3 und das **Khanjar Museum (Bayt Al Khanjar)** 4 mit historischen Krummdolchen.

An der anderen Seite des Viertels steht das älteste, 1895 errichtete und später mehrfach umgebaute Haus in Bastakiya, ein zweistöckiges, besonders schönes, großes Anwesen mit herrlichem Innenhof. Es beherbergt das Restaurant **Bastakiya Nights** 1.

Einblicke in Architektur und Alltag im historischen Dubai gewährt das **Sheikh Mohammed Centre for Cultural Understanding (SMCCU)** 5, das ebenfalls in ein rekonstruiertes Haus eingezogen ist. Das SMCCU bietet ›Heritage Tours‹ durch das Viertel (So, Di, Do um 10.30 und Sa um 9 Uhr) und im Innenhof des Gebäudes unterschiedliche traditionelle ›Cultural Meals‹, beispielsweise Frühstück oder Mittagessen, an; Anmeldung erforderlich.

Im Centre for Cultural Understanding, einer Gründung von Sheikh Mohammed persönlich, erfahren Sie alles über die arabische Kultur. Nach Anmeldung sogar ganz praktisch bei einem traditionellen arabischen Festmahl beim gemeinsamen Essen mit Einheimischen. Gespräche über Kultur, Religion, Frauen … spannend!

Ein Viertel für Künstler

Unweit des SMCCU, mitten in Bastakiya, hat in einem restaurierten Haus ein liebenswertes kleines Hotel eröffnet, das **XVA Art Hotel** 1. Seine Zimmer sind wahre Schmuckstücke innenarchitektonischen Designs. Im Innenhof des XVA-Hotels, dessen Name den römischen Ziffern seiner Adresse entspricht, befindet sich ein sehr schönes **Café.** Helle Leinensegel schützen die Gäste hier vor zu viel Sonne.

Dass Bastakiya wieder ein attraktiver Stadtteil geworden ist, verdankt es auch seinen Galerien. Besonders aktiv ist die **Kunstgalerie XVA** des gleichnamigen Hotels (s. o.), die jeden Monat eine Ausstellung arabischer Künstler organisiert. Noch bevor Bastakiya seine heutige Anziehungskraft besaß, lockte bereits die **Majlis Gallery** 1 Besucher ins Viertel. Neben der Galerie verführt das **Arabian Tea House** 2 sein Publikum mit arabischer Atmosphäre in einem schönen Innenhof unter Bäumen. Das gleiche Ambiente bietet das **Local House** 3.

3

HINTER DIE MAUERN BLICKEN

Dubais Geschichte nacherleben – **das Al Fahidi Fort**

Mitten im alten Stadtkern steht das Al Fahidi Fort. Hinter den hohen, dicken Lehmmauern dieser ältesten Befestigungsanlage des Emirats befindet sich das größte und spannendste historische Museum Dubais. Nicht weit entfernt, erinnert das Bayt Al Wakeel an die historische Präsenz der Briten am Golf.

Sieht nicht besonders aus – aber der Bau des Al Fahidi Forts legte den Grundstein für Dubais Aufstieg zu dem, was es jetzt ist.

Dem restaurierten **Al Fahidi Fort** 1 sieht man sein Alter nicht an: Nach offizieller Darstellung soll die Festung zwischen 1787 und 1799 zum Schutz vor Invasoren erbaut worden sein. Es handelt sich hier um eine quadratische Anlage aus Lehmziegeln und Korallenblöcken mit

einem großen Innenhof, die von zwei Türmen, einem 22 m hohen runden und einem diagonal gegenüberliegenden niedrigen rechteckigen, geschützt wird.

1971, im Jahr der Staatsgründung der VAE, ordnete der damalige Herrscher Sheikh Rashid Bin Saeed Al Maktoum an, die stark verfallene Festungsanlage wieder aufzubauen und dort ein Museum einzurichten. Mehr als 20 Jahre nahmen die Restaurierungsarbeiten in Anspruch. Dabei wurden große Teile der Ausstellungsräume unter die Erde verlegt. Erst 1995 konnten Besucher die Festung wieder betreten und wurde das **Museum** eröffnet. Während eines ca. zweistündigen Rundgangs gewinnen Sie einen faszinierenden Eindruck vom kulturellen Alltag im historischen Dubai und vom beduinischen Leben der Großeltern der heutigen Einwohner.

Ü
ÜBRIGENS

Eintauchen in den alten Orient: Die farbenfrohen nachgestellten Szenen des Lebens am Golf um 1900 machen fast vergessen, dass man sich in einem Museum befindet. Lebensgroße Figuren zeigen Perlenhändler, Handwerker und Garküchen einschließlich der typischen Geräusche – fast täuschend lebensecht.

Den Beduinen auf der Spur

Durch ein massives **Teakholz-Tor (1)** mit alten Messingbeschlägen gelangen Sie in den mit Sand aufgeschütteten Innenhof, wo Exemplare traditioneller **Bootstypen** ausgestellt sind. Beeindruckend ist auch eine historische ›Klimaanlage‹, ein sogenannter **Windturm** auf einer nachgebauten **Barasti-Hütte (2)** in einer Bauweise aus Palmzweigen und Holzstangen, wie sie damals üblich war in Dubai.

Eine **Wendeltreppe (3)** führt ›hinab‹ in das Museum, in dessen Räumen die Lebens- und Arbeitsbereiche im alten Dubai vorgestellt werden: Handel *(›commercial life‹)*, Familie *(›domestic life‹)*, Wüste *(›life in the desert‹)* und Meer *(›life on the sea‹)*. Nachhaltigen Eindruck macht auf dieser Zeitreise ein **Souq (4)** aus den 1960er-Jahren mit lebensgroßen Figuren und einer authentischen Geräuschkulisse von Gesprächen zwischen Händlern und Kunden. Am Ende der Souq-Straße gelangen Sie zu einer **Koranschule (5).** Werfen Sie einen Blick durch die Fenster und die geöffneten Türen auf die detailgetreue Einrichtung und den nachgestellten Koranunterricht. Monitore erläutern in kurzen Filmen die einzelnen Bereiche.

In den folgenden Räumen werden Sie mit beduinischem Leben in der Wüste bekannt gemacht. Im **ersten Raum (6)** ist der ganze Boden

Bloß kein Lächeln zeigen … Frau mit Burqa, der traditionellen Gesichtsbedeckung am Golf.

Unter dem Nikab blitzt es lila – bestimmt ein schicker Dress. Bloß zeigen will sie ihn in der Öffentlichkeit nicht.

mit Sand bedeckt, der beim Durchschreiten unter den Füßen knirscht. In der Mitte des Raumes sitzen im **Zelt einer Beduinenfamilie** mehrere lebensgroße männliche Figuren um ein Feuer, einer spielt ein Musikinstrument, während ein anderer den Tee zubereitet, vor dem Zelt weilen Ziegen und Kamele. Frauen in traditioneller Kleidung mit Wasserkrügen auf ihren Köpfen kommen des Wegs. Auf Monitoren erläutern kurze Filme die Schwierigkeiten, mit denen die Wüstenbewohner damals zu kämpfen hatten. Der Rundgang in die Zeit vor dem Erdöl ist faszinierend.

Zur Orientierung und zum (Über-)Leben in der Wüste gehörten auch Astronomie-Kenntnisse, wie die nächsten Räume mit den Themen **Wüste bei Nacht (7)** und **Astronomie (8)** dokumentieren. Wie die Beduinen ihre Kenntnisse nutzten, wird auf Tafeln erläutert.

Im Themenbereich **Leben am Meer (9)** stellen originalgetreu nachgebildete Szenen das Entladen einer Dhau am Hafen, Perlenfischer beim Sortieren ihrer kostbaren Tauchfunde und Händler beim Wiegen der Perlen und bei deren Qualitätseinstufung dar. Die farbenfrohen nachgestellten Szenen mit den lebensgroßen Figuren

INFOS/ÖFFNUNGSZEITEN

Al Fahidi Fort und Dubai Museum
1: Al Fahidi Street, T 80 03 32 22, Sa–Do 8.30–20.30, Fr 14.30–20.30 Uhr, während des Ramadan 9–16.30 Uhr, Fr geschl., 3 AED, Kinder 1 AED (wg. Renovierung bis Ende 2022 geschl.)

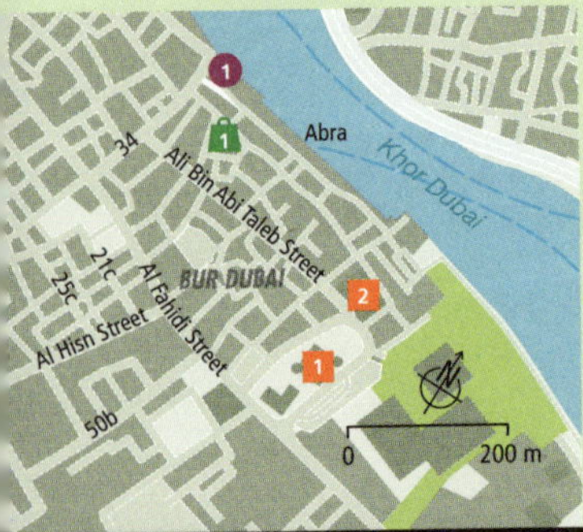

Dubai Grand Mosque 2: Die Moschee ist für Nicht-Muslime nicht zugänglich.

KULINARISCHES FÜR ZWISCHENDURCH

Bayt Al Wakeel 1: Bur Dubai Souq, T 353 05 30, tgl. 10–1 Uhr, www.wakeel.ae, €

BUMMELN DURCH DEN SOUQ

Hinter der **Großen Moschee** 2 beginnen die engen Ladengassen des **Bur Dubai Old Souq** 1. 2002 wurde er vollständig restauriert. Er ist der älteste Souq der Stadt und wird heute von indischen, zum Teil recht aufdringlichen Händlern dominiert; tgl. 10–22 Uhr.

Cityplan: V 4 | **Metro** Green Line, Station Al Fahidi

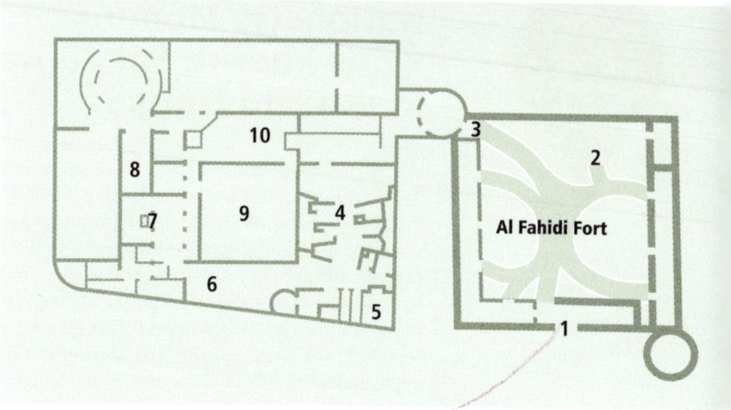

einschließlich der Geräuschkulisse sind so täuschend lebensecht, dass man leicht vergisst, dass man sich in einem Museum befindet.

In der **archäologischen Abteilung (10)** zeugen Ausgrabungsstücke aus Hatta und Al Qusais von der ersten Sesshaftigkeit am Golf. Dank erklärender Tafeln erfahren Sie, was die archäologischen Ausgrabungen zutage förderten: Dass nämlich bereits im 3. Jt. v. Chr. hier am Golf eine Handelsroute von Indien nach Mesopotamien verlief, entlang derer im Schutze des Creek kleine Fischersiedlungen existierten.

UM DIE ECKE

Wenige Schritte weiter, hinter der **Dubai Grand Mosque 2**, steht das 1934 an den Ufern des Creek errichtete **Bayt Al Wakeel 1**, das erste Verwaltungsgebäude außerhalb des Herrscherpalastes. In einem Flügel des Hauses residierte der Beauftragte der britischen Krone, Gray McKenzie, der im Namen der British India Steam Navigation Company von der Dachterrasse die in den Creek einlaufenden Schiffe aus Indien beobachten konnte. Das zweistöckige, 1995 restaurierte Bayt Al Wakeel ist nur durch eine schmale Gasse am Haus 35 mitten im **Bur Dubai Old Souq 1** zu erreichen. Es wird heute als Restaurant genutzt, und alte Schwarz-Weiß-Fotos an den Wänden dokumentieren seine ehemalige Bedeutung. Auf seiner Terrasse sitzen Sie direkt am Creek mit Blick auf die vorbeifahrenden Dhaus.

Der runde Wehrturm des Forts

4

VON BEDUINEN ZU STAATSMÄNNERN

Nationales Monument – das Sheikh Saeed Al Maktoum House

Die Geschichte Dubais ist auf's Engste mit der Geschichte der Herrscherfamilie Al Maktoum verbunden. Über die staatstragende Bedeutung der Al Maktoum informiert anschaulich ein Besuch ihres historischen Wohn- und Regierungssitzes auf der Halbinsel Shindagha, das Sheikh Saeed Al Maktoum House 1 an der Mündung des Creek. Die Ausstellung vermittelt auch einen Überblick über die Zeit vor dem Erdöl.

Eine modern gestaltete interaktive Ausstellung im Sheikh Saeed Al Maktoum House gibt Einblick in die Geschichte der Vereinigten Arabischen Emirate.

Im Jahr 1896 errichtete die Familie Al Maktoum wenige Hundert Meter Luftlinie vom Al Fahidi Fort entfernt einen zweistöckigen Palast in der typischen arabischen Architektur an der Wende zum 20. Jh.: quadratische Bauweise um einen

großen Innenhof, hohe Balkendecken, abgerundete Tür- und Torbögen, skulptierte Fenster mit Gittern, große Versammlungsräume *(majlis)* und kleinere Wohnräume, beide ›gekühlt‹ von beeindruckenden Windtürmen. Dieser Palast diente nach dem Regierungsantritt von Sheikh Saeed Al Maktoum im Jahr 1912 mehr als 40 Jahre lang als Wohn- und Regierungssitz der Herrscherfamilie. Hundert Jahre nach seiner Errichtung wurde er samt seiner Windtürme restauriert und rekonstruiert und gilt seitdem als nationales Monument des Emirats.

Ein Herrscherhaus wird Museum

Der restaurierte Lehmpalast der Al Maktoums ist seit 1996 ein Museum, in dessen acht Flügeln Sammlungen ausgestellt werden, deren Themen dem Beitrag der Herrscherfamilie zur Geschichte und zum sozialen Leben in Dubai gewidmet sind.

Am besten beginnen Sie im **Al-Maktoum-Flügel** im hinteren Innenhof. Hier präsentieren historische Zeichnungen und Fotografien der Herrscherfamilie die staatspolitischen Anfänge im Jahr 1833 bis zum Tod von Sheikh Rashid Bin Saeed Al Maktoum, dem Vater des heutigen Herrschers, der 1990 starb.

Im **Münz- und Briefmarkenflügel** schräg gegenüber sind Exponate zur Geschichte des Geldes in den Emiraten und seltene Briefmarken sowohl der Trucial States als auch des Emirats Dubai zu sehen. Eine bebilderte Wandtafel berichtet über Zustellungserschwernisse und die lange Übermittlungsdauer von Briefen und offiziellen Nachrichten in den damaligen Jahren.

Hier ist die Zeit stehen geblieben

Gehen Sie die Stufen empor in den ersten Stock, gelangen Sie in den **Dokumentenflügel.** Hier sind wichtige Briefe und Verträge sowie alte Landkarten der Emirate und der Arabischen Halbinsel ausgestellt. Der angrenzende Flügel erläutert anhand von Fotos und Modellen die damalige Hausbauweise aus Palmwedeln, gewährt Einblicke in den Alltag im Souq und vermittelt außerde, einen Eindruck vom sozialen, kulturellen und religiösen Leben im alten Dubai. Besonders beeindruckend ist die damalige ›Mode‹,

Ü
ÜBRIGENS

Haben Sie Interesse an ›Altbausanierung‹ in Dubai?: In einem Flügel, der den Namen **History of the Sheikh Saeed House** trägt, wird der langwierige, mühevolle Prozess der Rekonstruktion und der Restaurierung des Palastes zwischen 1983 und 1996 anhand von Fotos und Plänen akribisch dokumentiert. Besonderes Augenmerk gilt dabei der Herstellung und Verarbeitung der Lehmziegel.

INFOS/ÖFFNUNGSZEITEN

Sheikh Saeed Al Maktoum House 1: Al Khaleej Road, Landspitze Shindagha. Das Haus wird seit 2021 renoviert; Anfang 2023 ist die Wiedereröffnung geplant.
Sheikh Jam'aan House 2: So–Do 10–12 und 15–17 Uhr, Eintritt frei

KULINARISCHES FÜR ZWISCHENDURCH

Das Ufer des Creek entlang der Halbinsel Shindaga wandelt sich ab dem frühen Abend in eine belebte Uferpromenade mit mehreren Imbissständen und fahrenden Getränkeanbietern.

Cityplan: V 4 | **Metro** Green Line, Station Al Ghubaiba

die auf den alten Schwarz-Weiß-Fotos gut zu erkennen ist.

Am anderen Ende des Hofes liegt der **Wüstenflügel,** in dem das Nomadenleben und der Alltag der Beduinen sowie ihre Leidenschaft für Falken und Kamele beleuchtet werden.

Der ursprüngliche Palast beherbergt heute auf zwei Stockwerken mehr als 30 Zimmer, mehrere Küchen und Veranden, drei Innenhöfe sowie zehn Waschräume für die sechs Familien der Herrscherdynastie, die das heutige Sheikh Saeed House zwischen 1896 und 1958 teilweise zusammen bewohnten. Aus nächster Nähe sind vier traditionelle **Windtürme** zu bewundern. Sehenswert ist auch der **Majlis-Raum** (Versammlungszimmer) im ersten Stock des Palastes. Von seiner Freiluftgalerie haben Sie einen herrlichen Blick auf den Creek und die vorbeifahrenden Dhaus.

UM DIE ECKE

In unmittelbarer Nachbarschaft steht das **Sheikh Jam'aan House** 2, das Haus eines Bruders von Sheikh Saeed. Das 1928 errichtete Bauwerk, von dem nur noch die Grundmauern existierten, wurde anhand alter Zeichnungen und Fotografien rekonstruiert und firmiert heute als **House of Traditional Architecture.**

Lebendige Folklore –
Al Shindagha Historic District und Al Seef

5

Vorsicht, Dorfleben!

Die Geschichte des heutigen Emirats Dubai beginnt 1833, als Sheikh Buti mit seiner Familie Al Maktoum Abu Dhabi verließ und sich am Eingang des Creek niederließ. Seit dem 19. Jh. wohnte der Al Maktoum-Clan auf der Halbinsel Shindagha. Das historisch bedeutsamste Bauwerk dort ist das Haus des siebten Nachfolgers aus der Al Maktoum-Dynastie, Sheikh Saeed Al Maktoum House (► S. 34). Mit Blick auf die Weltausstellung 2020 erhielt Al Shindagha ein rekonstruiertes historisches Gesicht.

Auf Shindagha wurde in den letzten Jahren viel gebaut. Heute dominieren im **Shindagha Historic District** überwiegend rekonstruierte zweistöckige Häuser aus Lehm und Korallensteinen mit traditionellen Windtürmen. Sie stehen entlang enger Gassen, von denen einige auf schattigen Plätzen enden.

Wie war das bei den Alten? Auf Spurensuche im Heritage Village

Ausflüge ins Heritage Village enden meist hier: In den Lokalen am Ufer des Creek. Dort erholt man sich gern bei traditioneller Küche, während die ›traditionelle‹ Seebrise die sonst übliche Air-Condition ersetzt. Ganz wie in alter Zeit.

Gleich am Eingang Shindaghas steht ein alter Wachturm, der Um al Royool, in dessen oberen Teil die Bewohner bei Angriffen flüchteten. Die sich anschließenden, nach alten Zeichnungen rekonstruierten historischen Häuser werden heute ausnahmslos modern genutzt. Eingezogen sind z. B. das **Shindagha Museum,** ein kleines Heimatmuseum der Halbinsel, oder das schöne **Saruq Al Hadid** 1, ein eindrucksvolles archäologisches Museum, das die Besiedlung der Region bis ins zweite vorchristliche Jahrtausend belegt. Dieses Haus wurde 1928 von Sheikh Juma bin Maktoum Al Maktoum gebaut und von ihm jahrzehntelang bewohnt. Direkt daneben eröffnete 2018 in einem liebevoll rekonstruierten Haus ein **Museum der Düfte** 2 (Perfume House). Unweit davon kann man im ehemaligen Haus von Sheikh Hasher al Maktoum das kulturhistorische **Museum Crossroad of Civilizations** besuchen. Weitere Museumseröffnungen sind geplant.

Erst am nordöstlichen Ende von Shindagha werden die ehemaligen beiden ›Dörfer‹ des Heritage Village und des Diving Village wieder angesiedelt, denn sie waren bei Einheimischen und Besuchern gleichermaßen beliebt, weil sie einer Zeitreise gleichkamen. Al Turath, das **Heritage Village** 3, dokumentiert sehr anschaulich den Alltag und die traditionelle Lebensweise der Beduinen und die Anfänge ihrer Sesshaftigkeit am Creek.

Al Ghouss, das **Diving Village** 4, gewährt Einblicke in Leben und Alltag eines Fischer- und Küstendorfes Ende des 19. Jh. Eine Ausstellung der Schiffsmodelle, die am Golf gebaut und benutzt wurden, bildet den Mittelpunkt des ›Dorfes‹.

Nur ca. 2 km südöstlich der Halbinsel Shindagha, vorbei am Bur Dubai Old Souq, am Al Fahidi Fort und dem historischen Bastakiya entstand quasi über Nacht zwischen Al Seef Street und Creek ein neuer ›historischer‹ Stadtteil.

► INFOS & LESESTOFF

Wer an dem wirklich historischen Dubai der 1960er-Jahre interessiert ist, sollte sich den Film im kleinen **Municipality Museum** (► S. 80) anschauen.

Al Seef

Am Bur-Dubai-Ufer des Creek befanden sich 1850–1920 die historischen Anlegestellen der Perlenfischer aus Dubai, damals eines der Zentren des Perlentauchens am Golf. Daran knüpften 2015 die Architekten an, als sie hier zwischen zwei modern gestalteten Bereichen die ›historische Siedlung‹ Al Seef 5 wieder entstehen ließen. Die vielen kleinen zweistöckigen ›alten‹ Bauwerke entlang des Ufers kann man von wirklich alten Häusern kaum unterscheiden, so perfekt ist die rekonstruierte Illusion.

In Al Seef spaziert man durch verwinkelte Gassen, bewundert die ›alten‹ zweistöckigen ›Lehmbauten‹ (aus Beton, aber täuschend ähnlich verputzt, sogar mit Rissen), bestaunt die Türen und die Häusersockel aus Korallensteinen, erfreut sich an den ausgetretenen Treppen, die auf die Flachdächer der Häuser führen und fühlt sich tatsächlich in ein ›altes‹ Dubai zurückversetzt. Sogar an alte Aufputz-Elektrokabel haben die Architekten gedacht (Gott sei Dank nur Attrappen!). Diese detailverliebten Rekonstruktionen im ›historischen‹ Al Seef sind keine Wohnhäuser, alle beherbergen besucherorientierte Einrichtungen, z. B. kleine Restaurants und Cafés, Souvenirgeschäfte. Die Gassen sind sehr sauber, es gibt Blumenbeete und Bänke, einige Bäume, man bewegt sich zu Fuß. Vom nahen Creek, dessen Uferpromenade mit alten Stämmen und Holzbohlen stabilisiert wurde (die geschickt die Kaimauer aus Beton verkleiden) weht eine kühle Brise.

An das ›historische‹ Al Seef grenzt im Südosten ein moderner Bereich mit den zwei kleineren Hilton Hotels **Hampton** und **Canopy** (► S. 87): ein anregender Kontrast, bunt, leicht, von Licht durchflutet.

A
ABRAS

Wer von Al Seef nach Deira übersetzen möchte: An der **Al Seef Abra Station** warten Abras, die einen für 2 AED hinüber zur Baniyas Road (Höhe Sheraton Dubai Creek) bringen. Sie sind die ersten, die mit Elektromotoren ausgestattet sind. Dort kann man auf eine andere Abra-Linie umsteigen, falls man zurück nach Shindagha möchte.

INFOS/ÖFFNUNGSZEITEN

Saruq Al Hadid Archaeology Museum 1: T 359 56 12, Mo–Do 8–19, Fr und So 9–17 Uhr, Sa geschl.; Eintritt 20 AED (über 60 frei), Kinder 10 AED. Alle anderen Museen (z. B. Museum der Düfte/Perfume House 2) gleiche Öffnungszeiten, gleiche Eintrittspreise.
Heritage 3 **und Diving Village** 4: geplante Neueröffnung Ende 2022.
Al Seef Abra: Al Fahidi Marina Station in Al Seef bis Deira Old Souq Abra Station, tgl. 10–22 Uhr, unregelmäßig, 2 AED

KULINARISCHES FÜR ZWISCHENDURCH

Die Außenbewirtung der Lokale entlang des Creek wird nach der grundlegenden Restaurierung der historischen Häuser im Herbst 2022 wieder aufgenommen.

Cityplan: V 4 | **Metro** Green Line, Station Al Ghubaiba

6

Wohnkultur
Windtürme

So wohnten Perlenhändler – **das Heritage House**

Am Beispiel des Wohnhauses des reichen Perlenhändlers Ahmad Bin Dalmouk im Stadtteil Al Ras, das Ende des 19. Jh. erbaut und mit jedem Besitzerwechsel in den folgenden Jahrzehnten erweitert und umgebaut wurde, gewinnen Sie Einblicke in die Sozialgeschichte Dubais und die Wohnhausarchitektur am Golf.

Die Windtürme zur Kühlung der traditionellen Häuser waren eine ziemlich geniale Idee. Heute spielen die Architekten damit nur noch, wie hier in Madinat Jumeirah.

Als das zweistöckige **Heritage House** 1 um 1890 von dem Geschäftsmann Mattar Bin Saeed Bin Muzaaina erbaut wurde, hatte es nur zwei Zimmer und mehrere kleine hüttenähnliche Nebenräume aus Palmwedeln *(barasti)*, die den rechteckigen, mit Sand bedeckten Innenhof

eingrenzten. 1910 erwarb dieses bescheidene Haus der reiche Perlenhändler Ahmad Bin Dalmouk, nach dem die benachbarte Al-Ahmadiya-Schule benannt wurde. Er ließ das Haus vollkommen umbauen und erweiterte es durch Lehmanbauten an der Nord- und Westseite. Seit 1994 ist es als sogenanntes Heritage House ein öffentliches Museum. Bei einem Rundgang können Sie die Stationen seiner architektonischen Entwicklung gut verfolgen.

Junge Dubai'in im Hof des Heritage House. Heute gibt es in Dubai Dutzende von öffentlichen Spielplätzen. Im historischen Dubai spielten Kinder und Jugendliche in den Innenhöfen der Häuser oder auf den staubigen Straßen.

Wie Lehmhäuser gebaut wurden

Zunächst gelangen Sie in die älteren Zimmer mit ihren Wänden aus Lehmziegeln. Diese Ziegel wurden damals unmittelbar an der Baustelle hergestellt. Dafür wurde der Lehm mit Wasser und Häcksel zu einem Brei gestampft, der per Hand in Holzschablonen zu flachen, rechteckigen Ziegeln *(madar)* gepresst wurde. In diesen Schablonen wurden die Ziegel ca. eine Woche vorgetrocknet. Dann wurde der Rahmen entfernt und die Ziegel hochkant neben- und übereinander gestapelt, um sie mehrere Wochen in frischer Luft und praller Sonne vollständig zu trocknen. Von Hand wurden die Mauern dann mit diesen Ziegeln hochgezogen und innen und außen teilweise mit dem gleichen Lehm glatt verputzt. Am Heritage House können Sie sehr deutlich die alten Lehmziegel und die traditionelle Bauweise erkennen. Zur Stabilisierung der Lehmwände wurden Kalksteine aus Korallen an den Türen eingebaut.

Das schönste Haus Dubais

Zehn Jahre später schenkte Ahmad Bin Dalmouks Sohn Mohammed sein Elternhaus seinem Freund Saeed Bin Hamdan, der es 15 Jahre lang bewohnte, aber unverändert ließ. Saeed Bin Hamdan verkaufte es 1935 an Ibrahim Al Said Abdullah, der es durch Anbauten und Aufstockungen auf 935 m^2 Wohnfläche erweiterte und ihm seine heutige Form gab. Er ließ bei dem Umbau auch die Innenräume und die Decke künstlerisch gestalten. Von da an gehörte das Haus zu den schönsten Dubais. Seit den 1960er-Jahren stand das Haus dann leer und verfiel. 1994 erwarb es die Stadtverwaltung und begann mit der Restaurierung.

INFOS/ÖFFNUNGSZEITEN

Heritage House 1: Al Ahmadiya St., neben der Al Ahmadiya School

Al Madrasah Al Ahmadiya 2: Beide historischen Häuser wurden vorübergehend zwecks Renovierung geschlossen. Eine Wiedereröffnung ist Ende 2022 geplant.

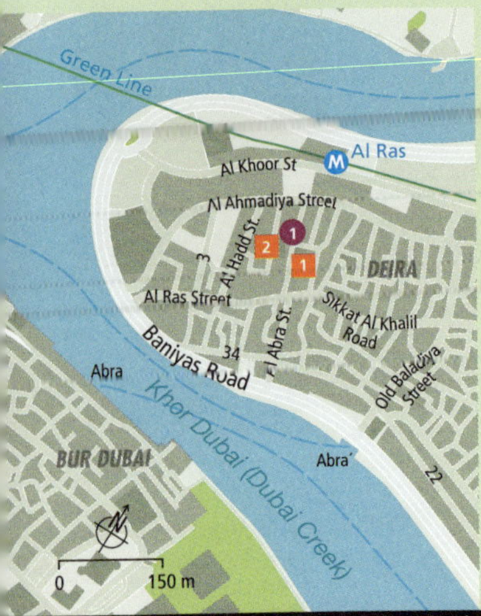

KULINARISCHES FÜR ZWISCHENDURCH

Direkt neben dem Heritage House und dem Eingang zur Al Madrasah Al Ahmadiya befindet sich das traditionelle **Al Bait Alqadeem** 1, ein Cafe und Restaurant, das sowohl ein üppiges Frühstück als auch eine breite Auswahl an arabischen und internationalen Gerichten bietet, nette Bedienung, große Außenterrasse.
Im Stadtteil Ras, T 225 61 11, tgl. 8–22 Uhr, www.albaitalqadeem.com, €

Cityplan: V 4 | **Metro** Green Line, Station Al Ras

Gestern Wohnhaus, heute Museum

Heute ist das ehemalige Wohnhaus des Perlenhändlers Ahmad ein Museum, in dem Ausschnitte aus der Sozialgeschichte Dubais dokumentiert werden. Alle Zimmer befinden sich wieder in ihrem ursprünglichen Zustand, ihre Funktion und Ausstattung ist exemplarisch für die meisten arabischen Wohnhäuser dieser Zeit.

Da ist zuerst die **Majlis,** das Zimmer für die Gäste. Es ist das wichtigste Zimmer des Hauses, denn hier empfing der Hausherr seine männlichen Besucher. Man saß am Boden auf einem Teppich, trank Tee oder Kaffee und besprach die Angelegenheiten des Tages. Bis heute gehören Einladungen zum Kaffee zu den auch gegenüber Besuchern häufig und gerne praktizierten arabischen Traditionen. An Feiertagen trafen sich in der Majlis alle Familienmitglieder.

In der gegenüberliegenden Ecke des Flures befand sich die kleinere **Majlis der Frauen,** die hier ihre Freundinnen trafen und gemeinsam mit ihnen Handarbeiten verrichteten. Auch sie saßen auf einem Teppich, und die Einrichtung des Zimmers vermittelt den Eindruck, als hätten die Frauen es gerade verlassen.

Ein Rundgang durch die anderen Räume des Hauses gewährt weitere Einblicke in das Alltagsleben am Golf. Im **Al Zawiyah,** dem Badezimmer, sieht man, unter welch schwierigen Bedingungen man damals das Badewasser erwärmte, in der Speisekammer, der **Al Bakhar,** stehen noch auf Holzregalen die irdenen Krüge für die Vorratshaltung und in der Küche noch die alten Kochtöpfe und Wasserkrüge.

Ein Besuch im Heritage House gleicht einer Zeitreise. Alle Räume sind wieder mit Mobiliar der damaligen Zeit ausgestattet, und lebensgroße Puppen in traditioneller Kleidung stellen häusliche Arbeiten (z. B. in der Küche) oder Vergnügungen (z. B. das Wasserpfeiferauchen in der Majlis) nach, während im Familienzimmer die kleine Schwester ihre kleineren Brüder versorgt. Auf Tafeln wird in den Zimmern der jeweilige kulturelle Kontext erläutert.

Neben dem Heritage House informiert eine Ausstellung in der **Al Madrasah Al Ahmadiya** 2 über die Schulausbildung vergangener Zeiten. Ihre originalgetreue Einrichtung lässt damaligen Schulalltag wieder lebendig werden.

Symbol der Gastlichkeit hier wie dort: der arabische Kaffee wird mit viel Zucker langsam aufgekocht und dann ungefiltert eingegossen. Ein starkes, aber himmliches Gebräu.

Die Architektur der Windtürme

Ibrahim Al Said ließ 1935 auch zwei Windtürme an der dem Meer zugewandten Seite des Hauses errichten; sie wurden nach 1995 ebenfalls vorbildlich restauriert. Diese an allen vier Seiten offenen Windtürme nahmen durch zwei diagonal verlaufende Innenwände auch die kleinste kühlende Brise auf und leiteten sie in die unteren Räume. Die beiden rechtwinkligen Innenwände des Turms bildeten vier Schächte. Egal, aus welcher Richtung der Wind wehte, immer strömte durch zwei Schächte die kühle Luft hinein, zirkulierte durch die darunterliegenden Räume des Hauses und zog durch die beiden anderen wieder nach oben. Dank dieses ausgeklügelten Ventilationssystems hatte man im ganzen Haus tagsüber angenehme Temperaturen. Nachts bevorzugten die Familien das Dach als Schlafstätte. Vom Dach des Hauses haben Sie einen sehr schönen Blick hinüber aufs Meer.

T TYPISCH

Windtürme sind bis heute ein typisches Architekturelement am Golf, auch wenn sie im Zeitalter der Klimaanlagen funktionslos geworden sind. Die Hotelanlage **Madinat Jumeirah** besitzt z.B. mehr als 30 dieser Windtürme ausschließlich als schmückendes Dekor ihrer *arabian architecture.* Rekonstruierte Windtürme als Dekoration finden Sie in der Nähe des Heritage House auch am Eingang zum **Goldsouq** und zum **Gewürzsouq** (► S. 45).

#7

EIN FEST FÜR DIE SINNE

Gold und Gewürze – **in den Souqs**

Stimmengewirr, Gedränge, eindrucksvolle Szenen zwischen Händlern und Käufern – ein Besuch in den Basaren von Dubai, die hier Souqs heißen, gehört zu den Erlebnissen, die Ihnen noch lange im Gedächtnis bleiben werden. Die beiden bekanntesten, der Gewürzsouq und der Goldsouq, auf der Deira-Seite des Creek sind Inbegriffe orientalischer Verheißungen.

Es duftet nach Zimt, Muskat und Rosenblättern … im Gewürzsouq zu Deira wird alles, was man in der Küche brauchen kann, kiloweise verkauft. Nicht zögern, sofort zuschlagen!

Auch wenn die Souqs in arabischen Städten heute nicht mehr die Zentren des gesellschaftlichen Lebens sind, weil sie seit der Etablierung von Supermärkten und Shopping Malls für die alltäglichen Einkäufe keine große Rolle mehr spielen, bleiben sie bei Arabern und Europäern gleichermaßen beliebt.

Dubai besaß zwei traditionelle Souqs, einen in Bur Dubai und einen in Deira, was historische Gründe hat: Der ältere (und kleinere) Souq liegt im älteren Stadtviertel Bur Dubai und trägt des-

halb den Namen **Bur Dubai Old Souq** 1. Sein Kernbereich erstreckt sich hinter der Großen Moschee am Ufer des Creek. Der andere, fast genauso alte, aber wesentlich größere **Deira Old Souq,** zu dem heute auch der Gewürz- und der Goldsouq gehören, liegt auf der gegenüberliegenden Seite. Mit einer *abra* gelangen Sie schnell über den Creek von einem Souq in den anderen.

So duftet der Orient

Gewürze gehören zu jeder arabischen Speise und der Handel mit Gewürzen zur orientalischen Tradition. Schon gegen Ende des 19. Jh. gab es hier einen kleinen Souq für Gewürze. Indische und omanische Händler waren die ersten, die sich damals am Dubai Creek niederließen und die Gewürze aus ihren Heimatländern mitbrachten. Später kamen dann iranische Händler von jenseits des Golfs dazu.

Den **Gewürzsouq** 2 (engl.: *spice souq)* am Eingang des Deira Old Souq können Sie nicht verfehlen. Es duftet hier nach Orient, nach Kardamom, Zimt und Nelken. Die prall gefüllten, offenen Jutesäcke stehen in den engen Gassen

Gewürze werden im Souq immer per Hand gewogen. Aber vorher wird um den Preis verhandelt. Gewürzhändler Mabrouq scheint mit dem Ergebnis zufrieden.

neben Körben voller Nüsse, Pistazien oder Mandeln und Kisten mit getrockneten Zitronen und Rosenblüten. Aber auch Trockenmilchpulver, Kaffeebohnen und Teesorten finden sich in den Regalen. Mögen die Muttersprachen der Händler im Souq Hindi, Farsi oder Urdu sein, wechseln diese aber bei touristischen Besuchern sofort ins Englische, wenn es um die Namen der Gewürze geht oder um die Zahlen beim Aushandeln des Preises.

Im Gewürzsouq erleben Sie das Morgenland. In freundlichem Tonfall preisen die Händler ihre Waren an, betonen deren hohe Genussverstärkung beim Speisen und Lieben und unterstreichen dabei auch deren Qualität durch Nennung ihrer Herkunftsländer: Der rötliche Safran kommt ebenso aus Iran wie die Pistazien und die getrockneten Limonen, der süßlich würzige Ingwer aus Indien, der sehr beliebte grüne Kardamom hat sogar die lange Reise aus dem zentralamerikanischen Guatemala zurückgelegt. Wenn Sie Interesse zeigen, wird man Sie gerne zu einem Tee einladen. Selbstverständlich ist bei so viel Freundlichkeit sehr schwer Nein zu sagen, und beim Abschied erwerben Sie dann doch noch eine Tüte grüner Chilischoten oder ein Dutzend schwarzer Vanillestangen. Dass die nicht billiger sind als zu Hause, spielt jetzt keine Rolle mehr.

Wirklich alles Gold, was glänzt

Ein Besuch im **Goldsouq** 3 ist ein Muss. Er übertrifft an Größe und Umsatzzahlen alle anderen der Arabischen Halbinsel. Mehr als 400 Läden drängen sich hier dicht aneinander. Unauffällig patrouillieren Polizisten, die die Ladenbesitzer und ihre kostbaren Auslagen schützen. Besonders eindrucksvoll ist ein Besuch am Abend, wenn das Gold in den beleuchteten Fenstern glitzert und strahlt. Die übervollen, mit unzähligen Armreifen und Halsketten dekorierten Schaufenster lassen keinen Zweifel aufkommen: Hier ist wirklich alles Gold, was glänzt.

Goldschmuck wird in Dubai ausgewogen. Das Gewicht eines Schmuckstücks, nicht die Arbeit der indischen Goldschmiede, ist ausschlaggebend für seinen Preis. Denn Schmuck aus Gold trägt traditionell zur finanziellen Absicherung der Beschenkten bei. Und so ist es keine Seltenheit, dass abends im Goldsouq mehrere in schwarze *abayas* gehüllte Damen in Begleitung nur eines Mannes in weißer *dishdasha* einen Laden betreten. Sie können beobachten, dass sie nach längeren Gesprächen und intensiver Begutachtung Ringe, Armbänder und Ketten in die Waagschale legen und mit dem Goldhändler über den Preis verhandeln. Ist man sich handelseinig, zahlt der Herr in der Regel bar mit einem großen Bündel von Dirham-Scheinen. Meist wird der Schmuck noch im Laden unter den Damen verteilt.

F
FEILSCHEN

In allen Souqs gibt es keine festen Preise, hier muss man feilschen – auch wenn es etwas Zeit kostet. Denn zahlen Sie den vom Händler geforderten Preis ohne Widerrede, ist dieser unzufrieden, keinen höheren gefordert zu haben, und Sie selbst sind unzufrieden, wenn Sie herauskriegen, dass der nächste Händler nebenan das gerade Erworbene billiger angeboten hätte.

INFOS/ÖFFNUNGSZEITEN

Gewürzsouq 2 und **Goldsouq** 3 (jeweils Sa–Do 10–13, 16–22, Fr 16–22 Uhr) bilden zwei separate Viertel innerhalb des **Deira Old Souq.** Je nachdem, von welcher Seite Sie diesen aufsuchen, erreichen Sie im Norden – z. B. von der Gold Souq Bus Station oder vom Hotel Hyatt Regency aus – zuerst den Goldsouq. Kommen Sie von der Old Deira Souq Abra Station, gelangen Sie im Westen zuerst zum Gewürz-Souq. Am Eingang zum Gewürzsouq liegt das **Dubai Municipality Museum** 1 (► S. 80).

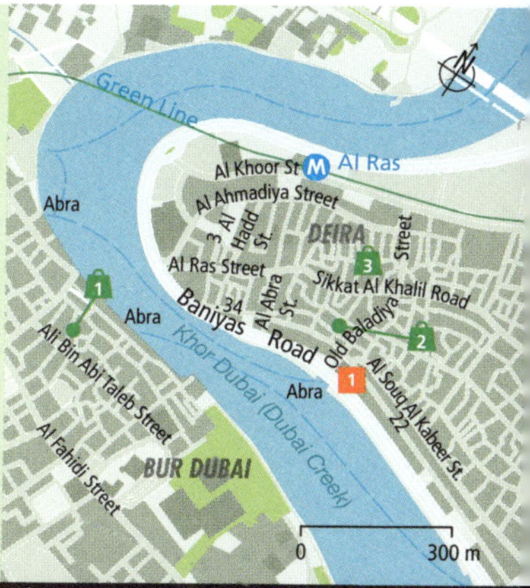

Cityplan: V 4 | **Metro** Green Line, Stationen Palm Deira oder Abra

Armreifen erfreuen sich im Emirat besonderer Beliebtheit, weil Frauen mehrere gleichzeitig tragen können.

V
VORSORGE

Im Goldsouq können Sie sicher sein: Gold ist wirklich Gold. Das ist nicht in allen Ländern so. Besonders in Asien werden oft Stücke aus ›reinem‹ Gold angeboten, die sich später als vergoldete Legierungen herausstellen. Deshalb kaufen sehr viele Gastarbeiter etwa aus Indien oder Pakistan vor ihrer Rückkehr von ihren Ersparnissen Armreifen für die daheim gebliebene Ehefrau. Geschätzt machen Einkäufe der Gastarbeiter bis zu ein Viertel des Umsatzes im Goldsouq aus. 2018 importierte Dubai Gold im Wert von 65 Mrd. €.

Augen auf beim Goldkauf

Gold ist in Dubai nicht billiger als anderswo. Der Goldpreis ist in allen Ländern weltweit derselbe und unterliegt folglich auch in allen Ländern den gleichen, manchmal sehr großen Schwankungen. Der Tagespreis des Goldes richtet sich nach Angebot und Nachfrage und wird erheblich von den großen Marktteilnehmern, etwa den Zentralbanken oder Goldminengesellschaften, beeinflusst. Seit 1919 wird er weltweit am Londoner Bullion Market festgelegt. Heute sind es dort fünf große Banken, die zweimal täglich gemäß den Meldungen der weltweiten Goldbörsen den Preis pro Unze ›fixieren‹. Dies geschieht seit Jahrzehnten in US-Dollar.

Beim Kauf im Goldsouq sollten Sie unbedingt den aktuellen Goldpreis kennen. Er wird weltweit in der Einheit Feinunze (1 Feinunze ≈ 31 g) notiert, deren Preis gegenwärtig um die 1850 US-$ liegt (Juni 2022). Ein weiteres Preiskriterium ist die Feinheit des Goldes, denn Schmuck besteht sehr oft aus Legierungen. Der Goldanteil wird in Karat angegeben: 24 Karat sind 99,9 % Gold, 18 Karat nur 75 und 14 Karat 58,5 %.

Um jegliche Streitigkeiten zu vermeiden, verkünden im Souq digitale Anzeigetafeln seit 2015 den aktuellen Goldpreis pro Gramm in Dirham. Berechnet wird nach Gewicht, feilschen kann man daher im Goldsouq nur begrenzt.

Speisen mit Dreh – **im Restaurant Al Dawaar**

#8

1x UM DIE EIGENE ACHSE

Zwei Stunden braucht das Restaurant Al Dawaar auf dem Dach des 25-stöckigen Hyatt Regency, um seine Gästen neben einer hervorragenden Küche mit einem 360°-Panoramablick über den Stadtteil Deira, den Creek und seinen stadtnahen Hafen Port Rashid zu verwöhnen.

Das weithin sichtbare Hotel und Apartment-Hochhaus in der Architektur der 1980er-Jahre bietet zwar nicht die höchste, aber unbestritten spektakulärste Aussicht über die Innenstadt am Creek. Bei einem Besuch des **Al Dawaar** (1) zum Mittagessen sehen Sie den Verlauf der Straßen und Gassen besonders deutlich und erkennen die Hochhäuser in der Ferne, beim Abendessen fasziniert das Lichtermeer der Stadt bis zum Horizont.

Unwiderstehlich sind die im Al Dawaar bereiteten Speisen – der Rundumblick auf die Stadt macht das Glück komplett.

M
MERKEN!

Wenn Sie im Al Dawaar einen Fensterplatz wählen, legen Sie nichts auf die Fensterbank! Diese dreht sich nämlich nicht mit, und so sind etwa Ihre Handtasche oder Kamera nach wenigen Minuten ›verschwunden‹. Wenn Sie es zu spät gemerkt haben, lernen Sie zumindest noch ein paar andere Gästen kennen, denn Sie müssen jetzt entgegen der Drehrichtung von Tisch zu Tisch laufen und sich dann durch die Stuhlreihen drängen, um Ihre Utensilien zurück zu bekommen.

Ein köstliches Buffet

Genauso beeindruckend wie das Panorama ist die große Auswahl am schmackhaften Buffet. In der Mitte des Restaurants stehen auf langen Theken alle nur erdenklichen Köstlichkeiten. Da die Gäste, die das Restaurant besuchen, aus unterschiedlichen Ländern kommen, werden Gerichte vieler nationaler Küchen dargeboten. Schweizer Rösti finden Sie neben Pommes frites, Basmati-Reis neben Pasta. Vom Kalb, Rind oder Huhn, aber niemals vom Schwein stammen die Fleischsorten, die in Pfannen, am Grill oder in Töpfen vom Personal auf unterschiedliche Art direkt zubereitet werden. Dazu Gemüsebeilagen aus Auberginen, Zucchini, Tomaten, Paprika und Gurken und viele frische Salate. In einer chinesischen Abteilung wird Peking-Ente angeboten. Am Vorspeisenbuffet reiht sich Schüssel an Schüssel voller schmackhafter Speisen. Immer dabei sind Lachs, Shrimps und Krabben, aber auch Hummercocktails und Salate. Allein vier Sorten des libanesischen Taboulé werden angeboten. Wer die Dessert-Theke aufsucht, hat die Schlacht um das Kalorienzählen bereits verloren: Die Nachtische sind unwiderstehlich! 2019 wurde das Al Dawaar mit dem World Luxury Restaurant Award ausgezeichnet.

Ein atemraubender Ausblick

Erleben Sie, wie der Creek vom Meer her langsam und in Kurven sich ins Landesinnere schlän-

INFOS/ÖFFNUNGSZEITEN

Al Dawaar (1): im Hyatt Regency Deira, Corniche, T 209 12 34, tgl. 12.30–15.30 und 19–24 Uhr, Buffet mittags 189 AED, abends 229 AED, www.hyattrestaurants.com, Stichwort ›international-restaurant-in-deira-corniche-al-dawaar-revolving-restaurant.
Galleria (1): im Hyatt Regency Deira, Corniche; **Ice Rink:** T 209 65 50, tgl. 10–22 Uhr, 50 AED, Schlittschuhverleih 60 AED, Pinguin-Hilfe 25 AED. Snacks und heißen Kaffee bekommen Sie in **Frosty's Coffee Shop**.

Cityplan: V/W 4 | **Metro** Green Line, Station Palm Deira

Schlittschuhlaufen ist nicht mehr ein Privileg der Bewohner nördlicher Breiten: Das geht auch in Dubai auf der Eisbahn im Hyatt Regency Deira. ›Wintersport‹ in Dubai als Kontrastprogramm zur Wüste ist inzwischen bei den Emirati absolut hip. Es gibt mehrere Eisbahnen, und in der Mall of the Emirates können sie sogar Ski fahren

gelt, und machen Sie östlich der Creek-Mündung bereits die Umrisse des gigantischen Bauprojekts des neuen **Deira Island** 1 aus oder Sehenswürdigkeiten auf der Halbinsel **Shindagha** 2. Nur unweit entfernt stapeln sich die Container im **Port Rashid** 3. Mit ein wenig Glück haben am **Cruise-Terminal** 4 gerade große, internationale Kreuzfahrtschiffe angelegt. Unübersehbar erhebt sich im Westen in ca. 10 km Entfernung der Burj Khalifa und im Osten die Hochhäuser des nahen Emirats Sharjah. Gleitet der Blick wieder zurück zum Meer, sehen Sie Dutzende von großen und kleinen Frachtschiffen, die auf ihre Einfahrt in den Creek und in den Port Rashid warten. Wenn es Abend wird und die Lichter auf diesen Schiffen angehen, gleichen sie überdimensionalen Leuchtbojen. Am Horizont im Westen erhellen die Hochhäuser entlang der **Sheikh Zayed Road** 5 die Nacht.

UM DIE ECKE

Von der Lobby des Hotels Hyatt Regeny Deira haben Sie einen direkten Zugang zur **Galleria** 1, einem Einkaufszentrum mit einem Dutzend eleganter Geschäfte und einem nicht alltäglichen Unterhaltungsangebot. Dazu gehört der **Ice Rink,** die erste und bekannteste Schlittschuhbahn in Dubai. Hier vergnügen sich zwar in erster Linie die Kinder westlicher Expatriates, aber auch Dubai'in in ihrer Landestracht üben sich im Schlittschuhlaufen.

9

ZU GAST BEI MUSLIMEN

Die schönste Moschee in Dubai – **Jumeirah Mosque**

In Dubai gibt es viele Moscheen, denn es gilt das Versprechen der Herrscherfamilie, dass jeder Dubai'in nach maximal 1,5 km Fußweg eine Moschee erreichen kann. Die älteste und bedeutendste, die Dubai Grand Mosque, steht im Stadtteil Bur Dubai, die schönste im Stadtteil Jumeirah: Sie darf auch von Nicht-Muslimen betreten werden.

Dubai war das erste Emirat auf der Arabischen Halbinsel, das den Besuch einer Moschee auch Nicht-Muslimen gestattete. Das war nicht nur 2004 in der Region ein Novum, auch die Mitarbeiter des örtlichen islamischen Kultur-Vereins

Schön und offen für alle: Jumeirah Mosque

Betender beim Sijud, der ›niedrigsten‹ Position im muslimischen Gebetsritual. Hiermit symbolisiert sich die totale Unterwerfung des Gläubigen unter Gottes Willen.

Sheikh Mohammed Centre for Cultural Understanding (SMCCU; ► S. 29), die die Idee hatten, waren anfänglich skeptisch, ob überhaupt nicht-muslimische Touristen Interesse am Besuch einer Moschee hätten. Deshalb begannen sie zaghaft mit einer einstündigen Führung pro Woche, und sie wählten die Moschee im Stadtteil Jumeirah aus, weil die meisten Touristen in den Hotels am nahe gelegenen Jumeirah Beach wohnten. Zu ihrem Erstaunen war der Besucherandrang auf die **Jumeirah Mosque** 1 unerwartet groß.

Heute werden Besucher an sechs Tagen in der Woche durch die Moschee geführt und erfahren dabei Vieles über die Religion des Islam und den Propheten Mohammed.

Gewaltig und doch spielerisch leicht

Sie durchschreiten die hohen, schweren Holztüren und geraten sofort in andächtiges Staunen. Ganz im Stil prächtiger Moscheen, wie sie die ägyptischen Kalifen der Fatimiden zu bauen pflegten, wölbt sich ein von Säulen getragenes Kuppeldach über den großen Innenraum, und zwei schlanke Minarett-Türme erheben sich zu beiden Seiten des Eingangsportals. Weitere Kuppeln zieren die Dächer der Seitenschiffe, schwere Leuchter hängen von der Decke des Baldachins über dem breiten Eingang, aufwen-

G
GEBETE

Fünfmal am Tag erinnert ein Muezzin unüberhörbar vom Minarett aus per Lautsprecher an die Gebetspflicht. Auch die Zeitungen informieren über die aktuellen Gebetstermine, die vom jeweiligen Stand der Sonne abhängen und sich deshalb von Ort zu Ort und von Monat zu Monat unterscheiden. Die Höflichkeit gebietet es, dass man ca. 30 Min. vor und nach diesen Gebetszeiten keine Verabredungen mit einem Dubai'in trifft. Im März und April etwa ertönt der Ruf des Muezzin zum
Morgengebet *(shuruq)* um ca. 5.45 Uhr
Mittagsgebet *(zohr)* um ca. 12.20 Uhr
Nachmittagsgebet *(asr)* um ca. 15.50 Uhr
Abendgebet *(maghrib)* um ca. 18.50 Uhr
Nachtgebet *(Isha)* um ca. 20.20 Uhr

Jumeirah Mosque

dige Stuckarbeiten und von rhombischen Mustern durchbrochene Wände vermitteln bei aller Größe und Massivität des Hauses spielerische Leichtigkeit.

Die mittelalterlichen fatimidischen Architekturelemente setzen sich dann im Innenraum der Moschee fort. Doch hier reduzierten die Architekten die verschwenderische Pracht. Denn eine Moschee ist kein Kultbau, auch kein Gotteshaus im christlichen Sinn, mit dessen wertvoller Ausstattung der Bauherr seine Frömmigkeit unterstreichen will, sondern nur ein Versammlungsort für das gemeinsame Gebet. Deshalb werden Sie auch in der Jumeirah Mosque vergeblich nach figürlichem Schmuck oder nach Bildern und

INFOS/ÖFFNUNGSZEITEN

Jumeirah Mosque 1: tgl. außer Fr um 10 und 14 Uhr ; Eintritt: 35 AED inkl. englischsprachiger Führung und Erläuterungen zum Islam durch Mitarbeiter des SMCCU. Dauer: 75 Min.; Treffpunkt und Anmeldung in der **Majlis** 2, einem Nebengebäude hinter der Moschee, jeweils 30 Min. früher. Hier werden nach der Anmeldung Erfrischungen gereicht und für Frauen ggf. Kopftücher und *abayas* zur Verfügung gestellt. Kinder unter 5 J. dürfen nicht an den Führungen teilnehmen. Bei der Verabschiedung werden Sie ermuntert, Kritik oder Verbesserungsvorschläge schriftlich und ohne Angabe des Namens an das SMCCU zu schicken.

KULINARISCHES FÜR ZWISCHENDURCH

Wenige Schritte westlich der Moschee liegt an der Jumeirah Road das **Lime Tree Café** 1 (T 349 84 98, www.thelimetreecafe.com, tgl. 7.30–18 Uhr), ein familienfreundliches Café der alternativen Szene in einer alten Villa. Die Besitzer kochen selbst, bevorzugt vegetarisch; gute Milchshakes. Schöne Aussicht von der Terrasse im ersten Stock.

SOUVENIRS

Im Nebengebäude der Moschee gibt es eine Auswahl an ausgesuchten Souvenirs, die alle einen Bezug zu Dubai haben. Dazu gehören Bücher, Postkarten und Schokoladenartikel unter Verwendung von örtlicher Kamelmilch. Besonders groß ist unter diesen schmackhaften Süßigkeiten die Auswahl von Kamelen aus Schokolade (unseren Schoko-Osterhasen oder -Nikoläusen vergleichbar). Wer diese hier nicht bekommt, kann sie im Duty Free Shop vor dem Abflug erwerben.

Cityplan: Karte 2, T 4 | **Bus** 8, 88, X28 (Express Bus)

Was Sie schon immer wissen wollten, nur zu: Fragestunde nach der Führung in der Jumeirah Mosque.

Gemälden suchen. Diese widersprächen zudem dem Abbildungsverbot des Koran. Dafür fällt die Schriftornamentik entlang des abschließenden Simses unterhalb des Giebelansatzes etwas reichlicher aus. Die insgesamt bescheidene Innenausstattung harmoniert angenehm mit dem gelbgrünen Licht, das durch die Fenster fällt.

Beten gen Mekka

Auf einer der Seitenwände des großen Innenraums fällt eine flache Nische mit einem Rundgewölbe auf, das von zwei Säulen getragen wird: Es ist der Mihrab, der Platz des Imam beim freitäglichen Gemeinschaftsgebet aller erwachsenen männlichen Muslime. Der Mihrab zeigt auch die Qibla, die Gebetsrichtung, an: Muslime müssen sich beim Beten immer gen Mekka verneigen.

Der hellblaue Teppichboden, in dem dunkelblaue Querlinien den Betenden ebenfalls die Orientierung gen Mekka erleichtern, bildet einen schönen Kontrast zum strahlenden Messinggelb der zwei Dutzend marokkanischen Kandelaber

M
MUEZZIN-RUF

Allahu-akbar – Allahu-akbar
Allah ist groß – Gott ist groß.
Ashhadu an la ilaha il-lallah
Ich bezeuge, es gibt keinen Gott außer Allah.
Ashhadu anna Muhammadan rasul-Allah
Ich bezeuge, dass Mohammed der Gesandte Gottes ist.
Hayya'ala-sala
Kommt zum Gebet.
Hayya'alal-falah
Kommt zur Erlösung.
al-salatu chayrun min-an-naum
Das Gebet ist besser als der Schlaf.
(nur Morgengebet)
Allahu-akbar – Allahu-Akbar
Allah ist groß – Gott ist groß.
La ilaha il-lallah
Es gibt keinen Gott außer Allah.

und dem überdimensional großen Kronleuchter im Mittelrund.

Da Muslime nur ›rein‹ am Gebet teilnehmen dürfen, müssen sie sich vorher reinigen. Im Vorhof der Moschee finden Sie deshalb mehr als ein Dutzend Wasserhähne über einem halbhohen Becken. Das Reinigungsritual wird vom Koran detailliert vorgeschrieben und beinhaltet das Waschen von Armen, Füßen und Beinen. Um sich nicht den Blicken von Männern auszusetzen, gibt es für Frauen, die einen eigenen Gebetsraum in der Moschee haben, auf dem Moscheegelände keine Waschgelegenheit. Sie müssen zu Hause vor dem Moscheebesuch für ihre ›Reinheit‹ sorgen.

Zwei Dutzend solcher marokkanischer Kandelaber tauchen den Gebetsraum in strahlendes Licht.

Noch Fragen zum Islam?

Der Rundgang durch die Moschee wird immer von einem gemischten Team durchgeführt. Nach dem Rundgang mit Erklärungen zu den einzelnen Bauelementen der Moschee werden die Besucher vom Team eingeladen, in der Mitte auf dem Teppich Platz zu nehmen und Fragen zur Religion des Islam ohne jede Einschränkung und ohne jede Selbstzensur zu stellen. Das Experiment ist mutig und gelingt, denn nach kurzer Zeit werden häufig sogar Fragen zum Privatleben muslimischer Familien (»Wie fühlt man sich als Muslima, wenn man seinen Mann mit zwei anderen Frauen teilen muss?«) gestellt und sehr ausführlich, sehr persönlich und ohne Scheu von der Muslima im Führungsteam beantwortet.

Himmlisch schön

Ist der Besuch des Moschee-Innenraums schon sehr beeindruckend, so hinterlässt die äußere Architektur der Jumeirah Mosque beim abschließenden Rundgang einen ebenfalls nachhaltigen Eindruck. Da sie aus elfenbeinfarbenem Kalkstein erbaut wurde, erstrahlt sie tagsüber weithin sichtbar in der gleißenden Sonne. Noch eindrucksvoller kommt ihre Schönheit am Abend zur Geltung, wenn sie in zartgelbem Licht angestrahlt wird. Dann heben sich die filigranen Elemente ihrer Fassade im Spiel von Licht und Schatten noch plastischer hervor, und ihre Minarette ragen leuchtend wie zwei weithin sichtbare Kerzen in den dunklen Himmel.

N NOCH WAS

Nicht-Muslime dürfen in den Ländern der Arabischen Halbinsel keine Moscheen betreten. Es gibt nur ganz wenige Ausnahmen: zwei Moscheen in den VAE (die Sheikh Zayed Mosque in Abu Dhabi und die Jumeirah Mosque in Dubai) und im Oman die Sultan Qaboos Moscheen in Muscat, Salalah und Khasab.

Das höchste Gebäude der Welt – **Burj Khalifa**

\# 10

HOCHSTAPLER

Er überragt alles und stellt alle Hochhäuser der Welt in den Schatten. Wenn Sie zu Füßen des riesigen, aber sehr schlanken Burj Khalifa stehen, erkennen Sie kaum seine Spitze. Ursprünglich sollte er Burj Dubai heißen, seit der Finanzkrise 2009 trägt er den Namen seines neuen Sponsors, Sheikh Khalifa Bin Zayed Al Nahyan, des Herrschers von Abu Dhabi.

Das Emirat Dubai steht für viele Weltrekorde, aber auch architektonische Waghalsigkeiten vor seiner Küste, wie die Palmen-Projekte oder die künstliche Inselgruppe The World. Seit 2010 verstärkt der **Burj Khalifa** 1 als mit Abstand höchstes Gebäude der Welt diesen Ruf. Der gigantische Turm an der Sheikh Zayed Road inklusive der Antennen

Grandios überragt der Burj Khalifa das Viertel Business Bay.

Der Burj Khalifa ist schwindelhaft hoch und produziert sogar einen Höhenrausch der Fakten: Mehr als 10 000 Menschen wohnen und arbeiten hier. 54 Aufzüge befördern Bewohner und Gäste, der schnellste erreicht 65 km/h. 1 Mio. l Wasser werden pro Tag im Gebäude verbraucht, so viel wie in einer deutschen Kleinstadt, und 10 000 m³ Kühlwasser pro Stunde sorgen im Sommer für erträgliche Temperaturen. 22 Mio. Arbeitsstunden wurden zum Bau benötigt, 40 000 t Stahl und 330 000 m³ Beton verbaut; 30 Min. war das Material unterwegs, bis es die letzte Etage erreichte. Die Glasfläche beträgt insgesamt 142 000 m². Die Antenne schwingt bei starkem Wind 12 m aus. Ein Youtube-Video zeigt die Konstruktion.

stolze 828 m hoch, während es das Empire State Building in New York auf eine Höhe von 443 m bringt. Auf einer Grundfläche von 7000 m² hat er die Form der Wüstenblume Hymenocallis, deren dreiblättrige Blüte sich spiralförmig nach oben verjüngt. Außen ist er von einer silbern leuchtenden Glasfassade ummantelt und aus 50 km Entfernung sichtbar. Zu Füßen des Burj Khalifa erstreckt sich ein großer künstlicher See.

Von Babel nach Dubai

Der Turmbau zu Dubai wird häufig mit dem biblischen zu Babel verglichen, d. h. bewundert und zugleich skeptisch beurteilt: Für die einen ist er der verwirklichte Traum menschlicher Ingenieurkunst, für die anderen das Symbol menschlicher Hybris. Eines aber hatten die Bauherren zu Babel und Dubai gemeinsam: Sie bauten ihre Türme, »um sich einen Namen zu machen« (1. Buch Mose 11,4).

Schon im Januar 2008, zwei Jahre vor seiner Fertigstellung, war sein Rohbau mit 598 m Höhe bereits das höchste Gebäude der Welt und löste damit den 2004 im taiwanesischen Taipeh errichteten, 508 m hohen Turm Taipeh 101 ab. Damit Sie eine realistische Vorstellung von der Höhe des Burj Khalifa gewinnen können, hier ein weiterer vertrauter Vergleich: Er ist mehr als fünfmal (!) so hoch wie der Kölner Dom.

Der Bau war eine gigantische Herausforderung an die Ingenieure. Noch nie wurde Beton in solche Höhen gepumpt. Mit seiner schwindelerregenden Höhe muss er Wind, Wetter, Erdbeben und – seit den Ereignissen des 11. September 2001 in New York – auch dem Terror trotzen können.

Entworfen haben den Burj Khalifa die Architekten des US-amerikanischen Büros Skidmore, Owings & Merrill (SOM), gebaut wurde er im Auftrag des örtlichen Bauträgers EMAAR von der südkoreanischen Bauunternehmung Samsung, die wiederum mehr als ein Dutzend deutscher

N
NOCH WAS

Egal, ob Sie sich für einen Besuch der **Aussichtsplattform** in 456 m (125. Stock) oder in 555 m (148. Stock) Höhe entscheiden, achten Sie darauf, dass der Himmel über Dubai an diesem Tag wolkenlos und dunstfrei ist. Wem der Besuch der Aussichtsplattformen des Burj Khalifa nicht genug Programm ist: Man kann in 456 m Höhe frühstücken oder in 585 m bei Cocktails die Sonne untergehen sehen.

INFOS/ÖFFNUNGSZEITEN

Burj Khalifa 1: Downtown Dubai, T 366 16 55, www.burjkhalifa.ae. Zugänglich für Besucher: At the TOP Burj Khalifa (124. u. 125. Stock, 456 m über NN), At the TOP Burj Khalifa Sky (148. Stock, 555 m über NN) und The Lounge Burj Khalifa (152.–154. Stock, 585 m über NN). Besucherkarten im Ticket Office des Burj Khalifa, Eingang in der Dubai Mall oder Online-Reservierung s. o. (wegen des Andrangs empfehlenswert!)
At the Top Burj Khalifa: tgl. 8.30–15.30 u. 18.30–23 Uhr, je nach Uhrzeit 149–159 AED, 16–18.30 Uhr 224 AED; Frühstücken bei Sonnenaufgang 5.30–8 Uhr 149 AED
At the TOP Burj Khalifa Sky: tgl. 9.30–18 Uhr 533 AED, ab 19 Uhr 378 AED; The Lounge Burj Khalifa: tgl 7.30 –9.30 u. 12–14.30 Uhr, Cocktails 19.30–21.30 Uhr je 618 AED
The Palace Downtown Dubai 1: ► S. 60
The Address Dubai Mall 2: T 438 88 88, www.theaddress.com, €€

BUMMELN

Souq Al Bahar 1: T 362 70 11, www.soukalbahar.ae, Sa–Do 10–22, Fr 14–22 Uhr
Dubai Mall 2: Sheikh Zayed Road, www.thedubaimall.com, So–Mi 10–22, Do–Sa 10–24 Uhr

Cityplan: Karte 2, R/S 5 | **Metro** Red Line, Station Burj Khalifa

mittelständischer Unternehmen beteiligte. Bei aller Bewunderung, sogar die Baukosten von ca. 2 Mrd. Euro haben sich gerechnet. Die Nutzfläche aller Etagen beträgt insgesamt 4 Mio. m². Giorgio Armani hat in den Etagen 9 bis 16 sein erstes Luxushotel mit 144 Suiten errichtet. Darüber türmen sich Büroetagen und Wohnapartments. Von denen sollen 90% bei Fertigstellung verkauft gewesen sein (Schätzung der damaligen Verkaufspreise: zwei Zimmer ab 1 Mio €, fünf Zimmer ab 3 Mio. €).

Für das Auge kaum ganz zu fassen: Burj Khalifa

Zu Füßen des Burj

Die Ikone des Emirats steht im Zentrum des neuen Stadtteils Downtown Dubai, in dem architektonisch eine Mischung von Tradition und Moderne konstruiert wird. Hier werden nicht nur Bürohochhäuser, neue Luxushotels und große Wasserteiche angelegt, es entstehen auch Gebäude in traditioneller Golf-Architektur. Zu Füßen des Burj Khalifa erstreckt sich **The Dubai Fountain,** dessen illuminierte Wasserfontänen von Musik untermalt bis zu 100 m aufsteigen (tgl. 13–13.30 und 18–23 Uhr alle 30 Min.).

UM DIE ECKE

Das Hotel **The Palace Downtown Dubai** 1 präsentiert sich in orientalischem Dekor, genau wie der gegenüberliegende, ein Jahr später fertiggestellte **Souq Al Bahar** 1. Von der Terrasse des Hotels hat man einen besonders schönen Blick auf den Burj Khalifa. Faszinierend ist das Nebeneinander von der glänzenden Fassade des höchsten Gebäudes der Welt und den dunklen, engen Ladengassen des ›neo-orientalischen‹ Souqs Al Bahar.

Direkt neben dem Burj Khalifa liegt die **Dubai Mall** 2 (► S. 100). Seit ihrer Eröffnung 2009 ist sie Stadtgespräch, denn sie hält nicht nur flächenmäßig den neuen Größenrekord unter den Shopping Malls des Emirats, sondern lockt auch mit vielen Attraktionen, die alle rekordverdächtig sind. Dazu gehören ein gigantisches Aquarium, eine Eisbahn von olympischen Ausmaßen, mehrere Kinos, viele Restaurants und Hunderte von edlen Markenläden. Wenn Sie Dubai in erster Linie wegen des Einkaufens besuchen, sollten Sie im angrenzenden Hotel **The Address Dubai Mall** 2 absteigen.

Flamingos überall – **Ras Al Khor Wildlife Sanctuary**

11

Rosarot
für
Birdwatcher

Am südlichen Ende des Meeresarmes, der sich von der Küste viele Kilometer weit ins Landesinnere zieht und die Namen Creek (engl.) oder Khor (arab.) trägt, wird das Meerwasser in großen Bereichen flacher und bildet an den Ufern ein schlammiges Feuchtgebiet. Dieses 620 ha große Areal mit vielen Mangroven und kleinen Sandbänken ist seit Menschengedenken ein Rastplatz für Zugvögel auf ihrer Durchreise Richtung Afrika.

Heute wird Ras Al Khor (deutsch: Kopf des Khor) von den Schnellstraßen nach Al Ain (E 66) und nach Hatta (E 44) umrundet, und an den südlichen Rändern, wenn auch mit gebührendem Abstand, dehnen sich jenseits der E 44 die Be-

Wohlfühlambiente für Flamingos in der Brackwasserlagune am Ende des Creek – hier beweist der Sheihk seinen Sinn für Umweltschutz.

Die Stadt rückt näher – die Flamingos scheint das nicht zu stören.

▶ INFOS & LESESTOFF

Umfassend und gut verständlich ist der Vogelführer **Birds of the United Arab Emirates** (2011) von Simon Aspinall and Richard Porter. Das Buch ist der Klassiker und in den Buchhandlungen in Dubai erhältlich. Die Autoren leben in den Emiraten und sind bestens mit der hiesigen Vogelwelt vertraut. Simon Aspinall beschäftigt sich seit 1993 mit Projekten der ökologischen Entwicklung, und Richard Porter leitet Birdlife International, eine internationale Organisation zum Schutz von Vögeln und ihrer Lebensräume.

bauungen der Meydan Pferderennbahn und des neuen Dubai Design District aus. Dubai wächst auch hier, aber die Vögel von Ras Al Khor scheint das nicht zu stören. Im Gegenteil, inzwischen hat die Zahl der hier lebenden einheimischen Vogelarten und der nur für kurze Zeit verweilenden Zugvögel derart zugenommen, dass die Stadtverwaltung das gesamte Gebiet umzäunt und zum **Ras Al Khor Wildlife Sanctuary** 1 erklärt hat. Im Frühjahr und Herbst werden jedes Jahr bis zu 25 000 Vögel und 180 Spezies gezählt.

Die Hauptattraktion sind dabei die rosafarbenen Großen Flamingos *(Phoenicopterus roseus)*, die hier während ihres Zwischenstopps bis vor wenigen Jahrzehnten sogar noch gejagt wurden. Doch seit dem Jagdverbot, das Sheikh Rashid Mitte der 1980er-Jahre erließ, verweilen jedes Jahr im Winter bis zu 2500 dieser Stelzvögel hier, und Ras Al Khor wird für einige Monate zur größten Flamingokolonie der Golfküste. Die Stadtverwaltung engagiert sich für den Schutz der Vögel, indem sie dafür sorgt, dass sie hier genügend Nahrung finden und nicht durch Menschen gestört werden. Inzwischen fühlen sich ca. 500 Flamingos in Ras Al Khor so sicher, dass sie ihren Weiterflug aufgeben, Nester anlegen und brüten. Sie gehören zu Dubai, und die inzwischen ansässigen, rosaroten Vögel sind heute das Symbol für die Naturschutzbemühungen des Emirats. Gerade weil in Dubai durch die sich rasant ausdehnende Bebauung und Zersiedlung immer mehr natürlicher Lebensraum für Tiere verloren geht, ist Ras Al Khor von großer Bedeutung.

Um die Flamingos in Dubai als Gäste zu behalten und die Bevölkerung vom Wert des Naturschutzes zu überzeugen, berichten die lokalen Medien häufig über diese Flamingos und das Naturschutzprojekt Ras Al Khor. Damit einheimische und touristische Besucher den scheuen Tieren auch etwas näher kommen und sie ›erleben‹ können, gibt es auf dem Gelände drei Vogelbeobachtungsstationen *(birding hides)*, kleine, erhöht gelegene Hütten aus Schilfrohr, die man über schmale, ebenfalls abgeschirmte Wege erreicht. In diesen Hütten ist man zwar schon relativ nahe an den Flamingos, aber um sie noch besser beobachten zu können, stellt das Dubai Muni-

INFOS/ÖFFNUNGSZEITEN

Ras Al Khor Wildlife Sanctuary 1: T 221 55 55 oder 80 09 00, www.dm.gov.ae/discover-dubai/ras-al-khor, So–Do 7.30–17.30 Uhr (Okt.–März), 6–18 Uhr (April–Sept.) Ramadan 8–16 Uhr, aber Fr geschl.

The Terrace at Dubai Creek Harbour 1: T 888 34 44, www.emaar.com, So–Mi 20–1 und Do–So 20–3 Uhr, zu erreichen über die Ras Al Khor Rd. (E 44)

BIRDWATCHING

Das Emirates Bird Records Committee (EBRC) veröffentlicht regelmäßig, welche Vögel wo am besten beobachtet werden können. Aktuellste Liste unter: www.uaebirding.com/ebrc

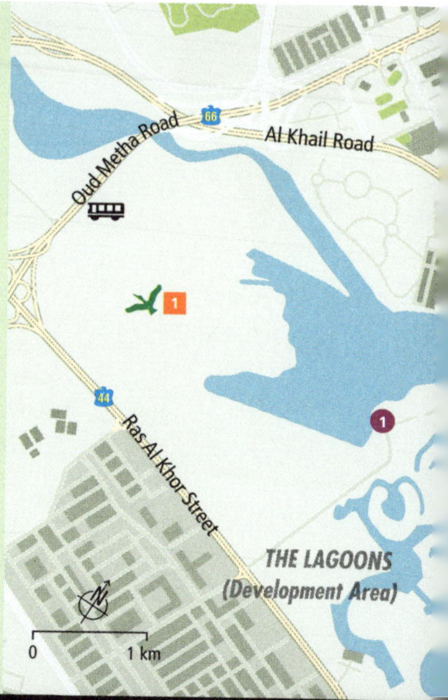

Cityplan: Karte 2, S-U 6-8 | **Bus** 61, 63E, X23; besser Taxi mit vereinbarter Wartezeit während des Beobachtens

cipality Environment Besuchern Ferngläser zur Verfügung. Sicherer ist es jedoch, sein eigenes mitzubringen. Und beim Beobachten werden Sie schnell feststellen: Es stelzen nicht nur Flamingos im nahen Schlickwatt umher, sondern auch Grau- und Silberreiher, Komorane, und mit etwas Glück entdecken Sie sogar Fischreiher.

In Zusammenarbeit mit dem World Wide Fund for Nature (www.panda.org) wird in Ras Al Khor zur Zeit eine wissenschaftliche Forschungsstation errichtet.

UM DIE ECKE

Das große Bauunternehmen Emaar wird die Region südlich von Ras Al Khor erschließen und mit Hotels, Apartmenthäusern und Bürogebäuden bebauen und einen kleinen Jachthafen am Creek anlegen. Von den vielen Vorhaben ist seit Anfang 2016 eines fertiggestellt: **The Terrace at Dubai Creek Harbour 1**, eine elegante Lounge direkt am Wasser mit Blick auf Ras Al Khor und viele schöne Jachten.

Hauptattraktion im Ras Al Khor Wildlife Sanctuary ist die große Flamingo-Kolonie.

12

Gast, Tagesgast oder Zaungast?

Sieben Sterne verwöhnen die Welt – **das Burj Al Arab**

Pünktlich zur Jahrtausendwende eröffnete im Dezember 1999 das 321 m hohe Burj Al Arab, damals das höchste und edelste Hotel der Welt. Kein anderes Hotel hat so oft die Titelseiten von Reisemagazinen und Illustrierten geschmückt wie dieser eindrucksvolle Hotelturm. Auf einer eigens angelegten Insel 280 m vorm Festland erbaut, ist das Burj Al Arab, dessen Teflonfassade dem Segel eines ausfahrenden Schiffes gleicht, eine weithin sichtbare architektonische Ikone.

Damit Sie auch beim köstlichsten Nachtisch nicht vergessen, wo Sie sich befinden …

»An Land kann jeder bauen, aber nicht auf See«, lautete die Devise der Royals von Dubai. Die Konstruktion der Insel war deshalb die eigentliche Herausforderung. 4000 Arbeiter waren drei Jah-

re lang im Einsatz. Ausstattung und Preise des Hotels setzten neue Maßstäbe. Sehr eilige Gäste benutzen zum Einchecken den Heliport in 200 m Höhe an der Außenseite des Turms.

Im **Burj Al Arab** 1 wohnt der Gast ausschließlich in doppelstöckigen Suiten, jede wahlweise zwischen 170 und 780 m² groß. Die Restaurants des Hotels sind Stadtgespräch, und aus der Bar in 200 m Höhe genießen Sie einen überwältigenden Blick über den Arabischen Golf.

Auf dem Weg zum Kite Beach: Wassersport im Schatten des Burj Al Arab

Als Tagesgast im Burj

Das Burj Al Arab ist nicht nur das prominenteste, sondern auch das aufregendste Hotel Dubais. Doch einfach einmal durch die Lobby zu stromern, um es von innen kennenzulernen, ist leider nicht möglich. Wer sich eine Übernachtung nicht leisten kann, muss draußen bleiben! – *»out of respect for the privacy of our guests«*, heißt es zur Begründung. Bereits am Eingang der Festlandszufahrt werden ›Schauleute‹ vom Wachpersonal freundlich abgewiesen.

Doch es gibt durchaus Möglichkeiten, auch als Nicht-Hotelgast *»the world's most luxurious hotel«* (Eigenwerbung) einmal von innen kennenzulernen. Sie könnten sich z. B. ›nur‹ für ein Essen in den Restaurants LÓlivio und Al Ivan im Hauptgebäude entscheiden oder sich kulinarisch im Sal auf der erweiterten Schwimmbad-Außenanlage, dem Sky Desk zu Füßen des Burj, verwöhnen lassen. Hier bietet sich auch die Uma Lounge an. Wer hoch hinaus will, kann sich für Sky View Restaurant und Bar entscheiden und sportlich orientierte Tagesgäste können auch einen Besuch im Wellness-Bereich buchen. Für solche Besuche müssen Sie sich aber immer telefonisch oder online anmelden, um einen Tisch zu reservieren oder einen Behandlungstermin zu vereinbaren. Sehr oft gibt es lange Wartelisten, und bei jeder Reservierung verlangt das Hotel als Sicherheit ihre Kreditkartennummer.

Nicht minder aufregend ist ein Besuch in der **Sky View Bar** im 27. Stock. Von außen betrachtet, schwebt das Restaurant in der Form eines Zigarettenetuis kurz unterhalb der Turmspitze des Burj Al Arab. Innen fühlt man sich in ein riesiges blau-grünes Raumschiff versetzt. Um es zu erreichen, benötigt der gläserne Expressaufzug weniger als eine Minute vom Erdgeschoss bis ins 200 m hohe ›Himmelsblick‹-Restaurant. Ein wahrlich himmlischer Blick eröffnet sich aus den Panoramafenstern, der zu den spektakulärsten Erlebnissen im Emirat gehört.

Last but not least ist es ein wahrer Luxus, sich den Five-o'clock-Tea entweder im **Sahn Eddar**, der Atrium-Lounge im 1. Stock des Foyers oder in 200 m Höhe in der **Skyview Bar** servieren zu lassen. Vom Sahn Eddar aus sehen Sie während des Tees, wer so alles im Burj ein und aus geht, und durch die Scheiben der Skyview Bar genießen Sie einen traumhaften Blick bis zum Horizont. Nirgendwo sonst in Dubai ist Voyeursein spannender oder der Blick atemraubender. Und nirgendwo sonst in Dubai ist der Tee teurer. Aber warum sich nicht einmal ein solches Erlebnis gönnen?

Wellness im Luxus Spa

Wenn Sie bei einem Besuch im Burj Al Arab Ihren Körper verwöhnen wollen, buchen Sie doch eine Behandlung im edelsten Spa des ganzen Emirats,

INFOS/ÖFFNUNGSZEITEN

Burj Al Arab 1: Jumeirah Road, T 301 77 77, www.burj-al-arab.com, €€€ Restaurants Sal, tgl. 12.30–16.30 und 19–23 Uhr (mediterrane Küche) und Al Ivan tgl. 19–23 Uhr (›Arabesque dining at its best‹, hervorragende Mezze)

Sahn Eddar/Skyview Bar: T 301 76 00, Reservierung per E-Mail: BAArestaurants@jumeirah.com. Nachmittagstee tgl.13–17 Uhr, 550 AED; Skyview Bar: Nachmittagstee tgl. 15 Uhr 635 AED, Fensterplatz 735 AED; Barbetrieb tgl. 17.30–24 Uhr, Mindestverzehr 200 AED

Talise Spa: im Burj Al Arab, T 301 73 65, tgl. Behandlungen 9.15–21 Uhr

Inside Burj Al Arab Tour: Dauer 90 Min., Tickets ab 249 AED. Auch buchbar mit Besuch im Sahn Eddar (739 AED) oder mit Abendessen im Al Ivan (699 AED). Anmeldung: www.insideburjalarab.com

Jumeirah Beach Hotel 2: Jumeirah Road, T 348 00 00, www.jumeirah.com, 2020 umfassend renoviert, sehr beliebt bei Familien wegen der guten Kinderbetreuung, €€€

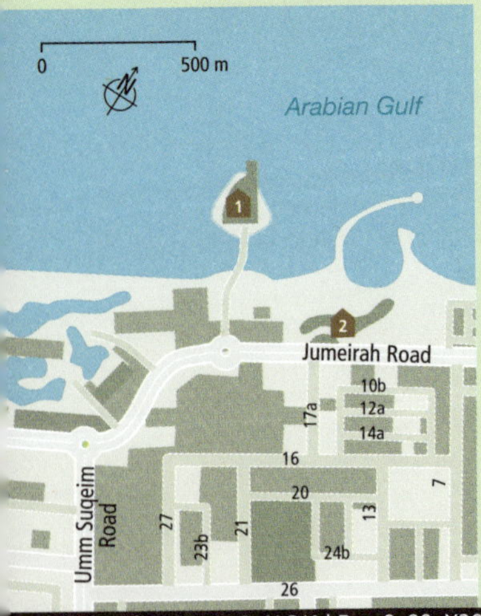

Cityplan: Karte 2, N 3/4 | **Bus** 8, 88, X28

dem **Talise Spa** im Burj Al Arab im 18. Stock des Hotels! Die ist zwar genauso teuer wie ein Restaurantbesuch, aber dafür gesünder, und Sie sind immerhin einmal im Burj Al Arab gewesen. Damit Sie sich im Burj vor lauter Staunen nicht verirren, werden Sie auf der Etage von einem persönlichen Butler empfangen und durch das Wellness-Paradies begleitet. Bei den sehr exklusiven Anwendungen können Sie wählen unter Gesichtsbehandlungen, Massagen und Körperbehandlungen (sehr empfehlenswert: ›Arabische Reise‹, 85 Min.). Am Ende suchen Sie noch eines der beiden großen Schwimmbecken auf, um mit einem unvergesslichen Blick über Dubai das neue Lebensgefühl zu genießen oder auch nur, um ein paar Bahnen zu ziehen.

Der Empfang im Burj Al Arab ist herrschaftlich – nicht nur für die Gäste des Hotels: In den Genuss eines zuvorkommenden Hotelpersonals und perfekten Service kommen Sie auch, wenn Sie ›nur‹ das Spa oder eines der Restaurants aufsuchen.

A Tour of an Icon

Darüber hinaus gibt es seit 2022 eine vom Hotel organisierte, weit anschaulichere Variante für Zaungäste: die ›Inside Burj Al Arab Tour‹ Diese geführte Besichtigung beginnt in der Lobby. Man fährt langsam auf der langen Rolltreppe hinauf durch die blau-goldene höchste Hotellobby Dubais, um von dort per Aufzug durch die Hoteletagen zu der besonders luxuriös ausgestatteten Royal Suite zu gelangen. Durch die Räume der Suite führt ein Butler, der dezent die edlen Fabrikate und das farblich abgestimmte Design der Einrichtung in den unterschiedlichen Zimmern erläutert. Man verliert sich zwischen dem Staunen über den Luxus und der Aussicht aus den Panoramafenstern auf den Jumeirah Beach.

Das Ende des Ensembles

Der Burj Al Arab bildet mit dem **Jumeirah Beach Hotel** 2 ein architektonisches Ensemble. Während die Silhouette des Burj Al Arab dem vom Wind aufgeblähten Segel einer Dhau gleicht, besitzt das Jumeirah Beach Hotel die Form einer großen Meereswelle. Der Blick aus der Distanz auf dieses architektonische Gesamtkunstwerk verliert seit 2021 durch bauliche Erweiterungen an der Küste seine Besonderheit. Denn rechter Hand des Jumeirah Beach Hotels entsteht gerade das weit ins Meer hinaus gebaute Projekt Marsa Al Arab mit zwei größeren, durchaus architektonisch beeindruckenden Hotelkomplexen und einem neuen Jachthafen.

13

Sand Sand Sand

Im Winter wird's abends kühl im Beduinenlager – dann gibt's erstmal einen heißen Tee zum Aufwärmen.

Still und sternklar – **Übernachten in der Wüste**

Wüsten bedecken den größten Teil der Arabischen Halbinsel. Sie sind Teil der ursprünglichen Naturlandschaft, die sich auch vor den Toren Dubais ausbreitet. Viele Besucher lernen auf ihrer Dubai-Reise die Wüste – wenn überhaupt – auf einem gebuchten Tagesausflug kennen. Aber einmal in der Wüste zu übernachten, das machen nur wenige. Dabei gehört es zu den aufregendsten Erlebnissen eines Dubai-Aufenthalts: in einem Beduinenlager, in einem komfortablen Wüstenresort oder alleine mit Freunden – in jedem Fall immer inmitten hoher Sanddünen.

Eine halbe Autostunde von Dubai entfernt auf der E 44 nach Hatta liegt hinter dem Ort Nazwa

zu beiden Seiten der Landstraße ein Wüstengebiet mit besonders hohen, tiefroten Sanddünen. Expatriates und Dubai'in nennen es The Big Reds. Schon die Anreise unterstreicht den Eindruck von der grenzenlosen Weite, die in literarischen Beschreibungen die Faszination von Sandwüsten ausmacht.

Die **Big Reds** 1 werden gerne als Tagesausflug mit vierradgetriebenen Pkws ›erkundet‹. Insbesondere junge Dubai'in treiben an den Big Reds wagemutig den Sport des *dune bashing* (wörtl.: Dünen-Prügeln), Möchtegern-Wüstenrallyefahrer suchen sich besonders hohe Dünen aus, um sie hirnlos mit ihren Pick-ups hinauf- und hinunterzubrettern. (Wer sich dem Spektakel nicht entziehen möchte: www.bigreddxb.com). Tagelang sieht man die Reifenspuren im Sand. Erst der nächste Sandsturm lässt sie wieder verschwinden.

Bereits wenige Kilometer hinter den Big Reds, abseits des Trubels, wird es zunehmend stiller. Schnell wird man wieder von der Faszination der Wüste ergriffen: vom Farbenspiel der Sanddünen, das vom hellen Beige bis zu warmem Rotbraun reicht, von der Formenvielfalt, die der Wind geschaffen hat und die sich zugleich ständig verändert, oder auch von vereinzelten kleinen Büschen, die als grüne Farbtupfer die sandige Weite unterbrechen.

Übernachten in der Wüste

Stille und einen vollkommen klaren Sternenhimmel – das erleben Sie in Dubai nur in der Wüste. Denn nur hier sind Sie weit genug weg vom permanenten Verkehrsrauschen und dem Lichtersmog der Stadt.

Mehrere örtliche Reiseveranstalter (Tour Operators, ▶ S. 113) unterhalten vor den Toren Dubais inmitten der Wüste stimmungsvolle **Beduinenlager** 1 für Besucher. Die Anreise, die am späten Nachmittag beginnt und besonders auf den letzten Kilometern nach dem Verlassen der Straße nur noch durch Sand führt, dauert etwa eine Stunde. Nach Ankunft können Sie in der Nähe der Zelte in den hohen Dünen umherwandern oder auch einen Ausritt auf einem Kamel wagen. Die erste Stunde des Abends verbringen Sie unter freiem Himmel bei arabischer Musik. Gegen 20 Uhr werden gegrillte Köstlichkeiten serviert, die Sie auf Kissen

S SICHER

Wenn Sie auf eigene Faust die asphaltierten Straßen verlassen und mit einem vierradgetriebenen Leihwagen für eine längere Zeit ohne Tour Guide die Wüste erkunden möchten, sollten Sie einige lebenswichtige Regeln beachten: Fahren Sie niemals allein, sondern mit mehreren Personen und immer mit mindestens zwei Fahrzeugen! Sollten Sie eine Panne in der Wüste haben, bleiben Sie zusammen. Hilfesuchende sollten grundsätzlich nur zu zweit aufbrechen. Informieren Sie vor Ihrer Abreise das Hotel. Teilen Sie mit, wohin Sie fahren und wann Sie ungefähr zurückkommen werden. Denken Sie an zweckmäßige Ausrüstung. Dazu gehören unbedingt pro Person 10 l Trinkwasser als Reserve, ein Kanister Benzin, ein Erste-Hilfe-Paket, eine Wolldecke, zwei Ersatzreifen, Abschleppseil, Schaufel, Kompass und Uhr, eventuell Sandbleche und ein Keilriemen. Und noch eines: Sie sollten Erfahrung damit haben, ein Auto im Sand zu bewegen.

Die menschenleere, stille Wüste bildet den reizvollen Kontrast zu Dubais Shopping Malls und der Skyline der Sheikh Zayed Road. Die Wüste sei der Garten Allahs, sagten die Beduinen einst, hier habe der Mensch die Chance, sich selbst zu erkennen.

und Teppichen sitzend zu sich nehmen. Einzelne Veranstalter bieten dazu Bauchtanz-Vorführungen an. Schließen Sie den Abend mit einer Wasserpfeife ab, bevor Sie sich auf Ihr Feldbett im Zelt oder in einen Schlafsack unter offenem Himmel zurückziehen.

Sie werden beeindruckt sein von der tiefen Stille und von den Sternzeichen, die dank der ungewohnten Klarheit am Himmel zu erkennen sind. Nach Sonnenaufgang wird gemeinsam gefrühstückt, spätestens gegen Mittag sind Sie wieder zurück in Dubai (Angebote nur im »Winter« zwischen 1.9. und 31.5).

Höchster Komfort inmitten von Sand – kein Widerspruch!

Das Kontrastprogramm zum Beduinenzelt ist das Wüstenresort **Al Maha** 2. Wenn Sie sich in dieses ›Luxus-Zeltlager‹ in der Nähe Dubais für eine oder mehrere Nächte einbuchen, erleben Sie nicht nur menschenleere Wüste, sondern auch arabische Oryx-Antilopen.

Für das etwa 200 km² große Wüstengebiet interessierte sich niemand, bis der südafrikanische Ökologe Tony Williams Mitglieder der Familie Al Maktoum überzeugte, hier wieder heimische Tierarten anzusiedeln und gleichzeitig eine Lodge für Besucher zu bauen. Das war die Geburtsstunde des Dubai Desert Conservation Reserve, das 2008 ins Umweltprogramm der Vereinten Nationen als nachhaltiges Naturschutzprojekt aufgenommen wurde.

INFOS/ÖFFNUNGSZEITEN

Tour Operator, ► S. 113, z. B. Arabian Adventures, T (971) 80 02 72 24 26, www.arabian-adventures.com. Ausflug in die Wüste mit Übernachtung im **Beduinenlager** 1: €€

Al Maha 2: T 832 99 00, www.al-maha.com, DZ inkl. Vollpension und Aktivitäten-Programm €€€, auf dem Al Ain Highway (E 66) ca. 41 km bis Exit 47. Ab hier führt eine schmale geteerte Piste zum Resort.

Cityplan: Karte 4 | **Anreise** entweder organisiert (Tour Operator) oder in privatem PKW; keine öffentlichen Verkehrsmittel

Vielleicht eine neuzeitliche Variante von Aladins Wunderlampe? Sieht schön stimmungsvoll aus, aber dass ein Dschinn drin wohnt, müssen Sie nicht glauben.

Unter Berücksichtigung strenger Umweltauflagen wurde das Resort Al Maha mitten in die unberührte Wüste eingebettet. Al Maha ist das erste ECO-Tourismus-Resort in den Vereinigten Arabischen Emiraten und wurde mehrfach preisgekrönt. Vielleicht auch deshalb, weil der unerwartete Komfort das Erleben der Wüste keineswegs schmälert. Es gehört heute zur Luxury Collection der Marriott-Hotels und wurde mit dem World Legacy Award der Zeitschrift National Geographic ausgezeichnet.

Al Maha, das sind 40 Suiten in einzeln stehenden Zeltbungalows mit großzügigem Wohnschlafzimmer und einem kleinen Swimmingpool. Aus allen Fenstern bietet sich ein wunderschöner Panoramablick hinaus in die Wüste, sogar aus der Partnerbadewanne im großen luxuriösen Badezimmer, auf dessen in arabisch-römischem Design gekachelten Ablagen sich sandfarbene Handtücher stapeln.

Die betont orientalische Ausstattung im zentralen Wohnraum ist üppig: Quastenkissen schmücken zwei über Eck stehende Diwane und ein großes quadratisches Bett von 2,5 m Seitenlänge; auf den Sideboards und Beistelltischen warten Schüsseln mit duftenden Essenzen, auf dem Couchtisch stehen eine Flasche Sherry und eine Obstschale zur Begrüßung.

Abseits der Zeltbungalows fügt sich ein Gebäude im britischen Kolonialstil mit maurischen Architekturelementen optisch perfekt in die Wüstenlandschaft ein. In einem großen Speisesaal mit Außenterrasse genießen Sie hier das abendliche Safari-Dinner. Zum Hauptgebäude gehören außerdem ein Salon, eine Bar, eine Bibliothek und die großzügige Lobby. Ein großer Swimmingpool mit überdachter Terrasse und der ›Timeless Spa‹-Bereich liegen etwas abseits des Hauptgebäudes. Die Wege zu den Zeltbungalows werden nach Einbruch der Dunkelheit stimmungsvoll illuminiert, auf der Terrasse vor dem Restaurant werden Fackeln angezündet.

Zur Exklusivität von Al Maha gehört auch, dass unangemeldete Telefongespräche nicht durchgestellt werden – denn das Resort gibt keine Auskunft darüber, wer hier wohnt. Al Maha hat seinen Preis – aber die Verwirklichung eines Traums sollte es einem wert sein!

Kamele zum Anfassen – **auf dem Souq Jamal in Al Ain**

14

STREICHELZOO, ARABISCHE ART

In der Vorstellung ausländischer Besucher gehören Kamele zur Wüste wie Pferde zur bäuerlichen Weide. Aber wilde Kamele gibt es auf der Arabischen Halbinsel nicht mehr. Sie teilen das Schicksal unserer Pferde: Sie leben in Stallungen, werden gezüchtet, verwendet, verehrt, aber auch verkauft und geschlachtet.

Zum zentralen Souq mitten im Zentrum der Stadt Al Ain gehörte bis 1997 auch der **Kamelmarkt** 1 (Souq Jamal). Er wurde aber wegen seiner Größe 2009 in die neuen riesigen Central Markets im Süden der Stadt verlegt. Er ist der letzte große in den Vereinigten Arabischen Emiraten, auf dem täglich Kamele öffentlich zum Kauf angeboten werden.

Streichelzoo mit Jungkamelen oder knallhartes Geschäft? Vielversprechende Rennkamele kosten den Preis eines guten Mittelklasseautos. Für andere geht es nur ins Schlachthaus.

E
EINIG!

Spannend wird es, wenn sich der Verkauf eines Kamels anbahnt. Auch wenn Sie des Arabischen nicht mächtig sind, werden Sie schnell merken, wenn Verkäufer und Käufer sich einen gestenreichen Wortwechsel liefern, bis sie sich auf einen Preis einigen. Dann wird das Tier auf die Ladefläche eines Pick-up gezerrt, geschoben und festgezurrt. Dass es dabei spuckt und brüllt, stört niemanden. Am Ende fügt sich das Kamel in sein Schicksal, die Männer verabschieden sich mit Handschlag, und ab geht die Fahrt Richtung Stall oder Schlachthaus.

Nr. 1 auf der Arabischen Halbinsel

Ohne das Kamel wäre menschliches Leben vor der Entdeckung des Erdöls auf der Arabischen Halbinsel kaum denkbar gewesen. Für Beduinen war das Kamel ein hohes Gut: Es schenkte ihnen Bewegungsfreiheit, versorgte sie mit Milch und Fleisch, lieferte Material für Sandalen, Gürtel und Wassersäcke (Haut) und für Kleidung, Zelte und Teppiche (Haare und Fell). Selbst die Exkremente fanden in getrocknetem Zustand Verwendung als Heizmaterial. Die innige Beziehung, ja Verehrung, schlägt sich in Liedern, mündlichen Erzählungen und in der Literatur nieder.

Wie kein anderes Lebewesen hat das Kamel in einem langen Evolutionszeitraum physiologische Anpassungen an seinen extremen Lebensraum vollzogen, die es zum idealen Wüstentier machen: In seinen Höckern speichert es Fett, sodass es mehrere Tage ohne Nahrungsaufnahme auskommen kann (entgegen der verbreiteten Meinung ist der Höcker kein Wassertank!). Die schwielenartigen, tellerförmig gespreizten Fußballen wirken wie Niederdruckreifen, die nicht in den Sand einsinken, und eine dicke Hornschicht schützt gegen den heißen Sandboden. Die Nasenmembran des Kamels besitzt eine vierzigmal größere Fläche als die des Menschen und hält die Feuchtigkeit der Atemluft im Körper zurück, um sie zur Kühlung zu verwenden.

Das Magensystem des Wiederkäuers kann bis zu 150 l Wasser aufnehmen und in Speicherzellen einlagern. Ein Kamel legt selbst bei großer Hitze problemlos 30–50 km am Tag zurück. Dabei kann es noch bis zu 250 kg Last tragen und braucht nur alle fünf Tage Wasser.

Kamel gefällig?

Auf dem Kamelmarkt treffen sich Käufer und Verkäufer. Ihnen geht es ums Geschäft, nicht um touristische Folklore. Die Gatter und Pferche im Freien, aber auch die Hallen sind funktional angelegt und eingerichtet, dazwischen befinden sich die Rampen zum Verladen der Tiere. Auf dem großen Areal gibt es mehr als 100 durch Drahtzäune voneinander abgegrenzte Pferche, in denen die Tiere im Freien stehen und auf Käufer warten: männliche Tiere, die als Fleischlieferant schon für 1000 AED den Besitzer wechseln, oder Kamelstuten, die

ANREISE

Mit dem Bus ab Al Ghubaiba Station (Abfahrt stdl. zwischen 5 und 22 Uhr, Fahrzeit ca. 1,5 Std., Fahrpreis 25 AED)

INFOS/ÖFFNUNGSZEITEN

Kamelmarkt 1: Eintritt frei
Al Ain Palace Museum 2: T 03 711 83 88, Sa/So, Di–Do 10–18, Fr 14–18 Uhr, Eintritt frei

KULINARISCHES FÜR ZWISCHENDURCH

Suchen Sie während der Mittagspause eines der größeren Hotels der Stadt auf. Dann können Sie sich nach dem Essen im Hotelrestaurant auch am hoteleigenen Schwimmbad etwas erholen; Mein Vorschlag: das Tagesrestaurant **Flavours** 1 im Radisson Blu (vormals Hilton), T 03 768 66 66, www.radissonhotels.com/en-us/hotels/radisson-blu-resort-al-ain, €€

Cityplan: Karte 4, D 4 | **Bus** ab Al Ghubaiba Station

wegen ihrer Milch mindestens das Zehnfache bringen. Das Besondere: Kamelmilch ist antibakteriell, enthält 20-mal mehr Vitamin C als Kuhmilch und ist laktosefrei.

Kleine Alternative

Da in Dubai viele Kamelrennen stattfinden, gibt es etwas außerhalb auch einen kleinen Kamelmarkt, in erster Linie für ausgediente Tiere. Sie finden ihn direkt an der E 66 in Höhe Marqam (Margham), von Al Ain kommend Richtung Dubai (braun ausgeschildert »Camel Market«). Der Markt ist relativ neu, aber viel kleiner als der in Al Ain.

UM DIE ECKE

Wenn Sie schon in Al Ain sind, empfehle ich Ihnen auch einen Besuch des **Al Ain Palace Museum** 2. Es befindet sich in dem alten Palast, den der Staatsgründer der VAE, Sheikh Zayed, bis 1966 bewohnte. 2003 wurde er der Öffentlichkeit zugänglich gemacht. Neben vielen Alltagsutensilien in den Zimmern des Wohnbereichs ist die Palastschule besonders interessant, in der noch die alte Tafel und die vier Holzbänke stehen, auf denen die Kinder der Herrscherfamilie seinerzeit mangels eines öffentlichen Schulwesens im Lesen und Schreiben unterrichtet wurden.

K
KONTAKT-PFLEGE

Wenn Sie zwischen den Pferchen umherlaufen, werden Sie von den Pflegern öfter aufgefordert, sich doch den Kamelen zu nähern, sie zu berühren und die Jungtiere zu streicheln. Übermäßige Vorsicht ist dabei unbegründet: Die meisten Tiere halten still, aber der Pfleger erwartet ein Trinkgeld (5 AED).

15

VIB
VERY IMPORTANT BIRD

Jagdvögel als VIP-Patienten – **in der Falkenklinik**

Während eines Jagdausflugs hatte sich der Falke beim Schlagen eines jungen Kaninchens, das im letzten Moment noch unter einem Fels Schutz suchen wollte, an Fuß und Schnabel stark verletzt. Deshalb kehrte der Falke nicht mit der Beute zurück, sondern blieb auf dem getöteten Tier sitzen. Sein Besitzer musste ihn mit dem Jeep aus den Dünen holen. Früher hätte eine solche Verletzung das Ende eines Jagdfalken bedeutet. Heute wird ihm eine erstklassige medizinische Versorgung zuteil.

Ohne die maßgefertigte Lederkappe (burqa) über dem Kopf sieht der Falke wieder sein Umfeld. Die Jagd beginnt …

Aus der Ferne ist das begrünte Anwesen mitten in der Wüste nicht als Krankenhaus zu erkennen. Erst direkt am Eingang nehmen Sie das Schild über der Toreinfahrt wahr: **Abu Dhabi Falcon Hospital (ADFH)** 1. Hinter einer großzügigen Parkplatzan-

lage befindet sich seit 1999 das weltweit größte und renommierteste Forschungs- und Behandlungskrankenhaus für Falken, ausgestattet mit modernster medizinischer Technik. Bis zu 800 Falken pro Monat werden hier versorgt.

Falken als Jäger

Für Beduinen trugen jagende Falken früher zur Nahrungsbeschaffung bei. Denn nur mit ihrer Hilfe konnten die Beduinen größere Vögel, wie Trappen, jagen, die von Norden kommend in der Golfregion den Winter verbrachten. Da Wanderfalken selbst Zugvögel sind, die ebenfalls aus unseren Breiten nach Süden fliegen und wie andere Arten an der Golfküste einen Zwischenstopp einlegen, konnten die Beduinen den Umstand nutzen, dass die Falken mehrere Wochen vor den Trappen eintrafen. Hatte ein Beduine mit viel Geschick einen Falken lebend gefangen, blieben ihm nur ca. drei Wochen zum Abrichten des Tieres. Wenn die ersten Trappen die Golfküste erreichten, musste die Ausbildung abgeschlossen sein. Dann jagte er den Winter über mit dem Falken und ließ ihn im Frühjahr für den Rückflug nach Europa wieder frei, denn den Sommer hätte damals kein Falke in diesen Breiten überlebt.

Die hohe Kunst des Abrichtens und Jagens brachte den beduinischen Falknern den Respekt ein, der sich in den Emiraten bis heute in der hoch angesehenen Tradition der Falknerei widerspiegelt. In Zeiten immenser Vermögen und klimatisierter Lebenswelten hat das Kaufen von Jungvögeln und das Züchten das frühere Einfangen von durchziehenden Falken ersetzt. Auch für das Abrichten kann man sich mehr Zeit lassen. Heute ist die Falknerei eine prestigeträchtige Freizeitgestaltung. Inwieweit Tierschutzaspekte im Sinne artgerechter Haltung dabei eine Rolle spielen, ist umstritten.

Falken als Familienmitglieder

In Gefangenschaft können Falken bis zu 20 Jahre alt werden, wobei die zum Jagen abgerichteten Vögel Fortpflanzung und Brüten verweigern. Deshalb müssen für die Falknerei immer wieder junge Vögel neu abgerichtet werden. Bevorzugt werden am Golf Tiere aus Europa, insbesondere

N NOCH WAS

»Es war meine beste Entscheidung«, sagte die deutsche **Tierärztin Dr. Margit Müller** dem »Spiegel«. Nach einem Praktikum in einer Falkenstation in Dubai promovierte sie in München über Jagdfalken und erhielt 2003 ganz unerwartet von Sheikh Zayed Al Nahyan das Angebot, die Leitung der Falkenklinik zu übernehmen. Bereits 2008 wurde sie für ihre Verdienste mit dem Abu Dhabi Award, der höchsten Auszeichnung im Emirat, ausgezeichnet. Von Frau Dr. Müller stammt die Idee, ihre Klinik auch für touristische Besucher zu öffnen. Heute ist das ADFH ein einladender übersichtlicher Tierklinikkomplex, dessen Falkenklinik weltweit hohes Ansehen genießt. In angrenzenden Gebäuden kümmert man sich inzwischen auch um kranke Hunde und Katzen.

Wanderfalken *(falco peregrinus)*. Einen Falken zum Jagen abzurichten, ist eine hohe Kunst, denn es gilt, ein ausgewogenes Maß an Aggression, Spannkraft und Gehorsam zu erreichen. Wird der Falke z. B. in Gefangenschaft zu gut gefüttert, verliert er das Interesse an der Beute, wird er schlecht gefüttert, ist er zu schwach, den Köder zu schlagen. Damit er es in Punkto Geschwindigkeit mit der Beute aufnehmen kann, muss sein Federkleid bestens gepflegt sein. Zahm sollte ein Falke zwar nie werden, aber mit dem Menschen vertraut. Erst wenn ein abgerichteter Falke wie ein in freier Wildbahn aufgewachsenes Tier jagt, aber mit der Beute zu seinem Besitzer zurückkehrt, ist er sehr viel wert. Bis zu 500 000 AED werden heute für ein kräftiges Weibchen – weibliche Falken jagen besser – bezahlt. Von Sheikh Rashid bin Saed Al Maktoum ist überliefert – so die Tagebuchaufzeichnung eines britischen Diplomaten –, dass er vor der Jagdsaison 1953 für einen im Iran abgerichteten Falken die für damalige Verhältnisse außerordentlich hohe Summe von umgerechnet ca. 10 000 € bezahlt hat.

Ein anästhesierter Wanderfalke wird medizinisch versorgt. Dafür gibt es im an Dubai angrenzenden Abu Dhabi sogar eine spezialisierte Klinik!

Patient Falke

Jeder Falke kann krank werden oder sich bei der Jagd verletzen. Deshalb ließ Sheikh Zayed Bin Sultan Al Nahyan 1999 aus seiner Privatschatulle das Falcon Hospital errichten, das von der deutschen Tierärztin Dr. Margit Gabriele Müller geleitet wird. Es ist ein öffentliches Krankenhaus mit 25 Angestellten und fester Gebührenordnung. Eine endoskopische Untersuchung kostet 350 AED, ein präventiver Full Check 800 AED: Für Tiere, die bis zu einer halben Million AED wert sind, ist das verhältnismäßig günstig. Aber die Falknerei war in Arabien nie nur Wohlhabenden vorbehalten, weshalb die Herrscherfamilie dafür sorgte, dass auch weniger Vermögende ihre Tiere in der Falkenklinik behandeln lassen können. Für jede Untersuchung werden die Falken anästhesiert. Operationen sind an der Tagesordnung, auch mittels plastischer Chirurgie werden Körperteile – etwa die bei einem Kampf stark verletzten Ohren – perfekt wiederhergestellt. Eine ganze Abteilung kümmert sich nur um das Ersetzen verlorener oder gebrochener Federn. Das Krankenhaus verfügt über ca. 40 000 Ersatzfedern, die genau passend in Farbe und Größe implantiert werden, damit Flugfähigkeit und Wert des Falken nicht leiden. Nach der Operation bleiben die Falken zur Nachsorge noch einige Tage in der ›Reha‹-Station in einem der 80 Einzel-Großkäfige. Mit täglichen Übungen werden sie hier wieder fit gemacht für kommende Jagdeinsätze. Falken, deren Besitzer in den Vereinigten Arabischen Emiraten leben, haben alle einen Pass mit Impfnachweisen und weiteren Angaben. So können die Tiere jederzeit an der Seite ihres Halters zum Jagen ins Ausland reisen: Beliebt sind Jagdgesellschaften in Kasachstan und Pakistan. Diese Falken tragen einen implantierten Chip unter dem Federkleid, damit sie jederzeit per GPS geortet werden können.

Während eines Besuchs im Krankenhaus können Sie von der Aufnahme bis zur Operation alle Behandlungsschritte hinter Glas mitverfolgen. Ein Blick ins ›Wartezimmer‹ lohnt sich: Hier sitzen die Tiere, ihren Kopf mit einer Lederkappe *(burqa)* bedeckt, still auf mit Grasteppich bezogenen Bänken in mehreren Bankreihen hintereinander und warten, bis sie von einer behandschuhten ›Krankenschwester‹ zur Behandlung abgeholt werden.

ANREISE

110 km auf der Nationalstraße E 11 Richtung Abu Dhabi, in Flughafen-Nähe auf die E 20 Richtung Sweihan abbiegen, 3 km hinter der Brücke rechter Hand hinter dem Wassertank; auch Abholung vom Hotel in Dubai möglich. Relativ bequem und relativ günstig ist die Anreise mit einem **Mietwagen** (Preis je nach Größe ab ca. 300 AED inkl. Benzin). Mit einem **Taxi** kostet die Strecke Dubai–Abu Dhabi und zurück etwa 600 AED (Verhandlungssache). Wenn Sie mit dem öffentlichen **Bus** anreisen möchten: Emirates Express Bus E100, stdl. zwischen 5 und 23 Uhr ab Al Ghubaiba Station (Reisezeit: nach Abu Dhabi Flughafen ca. 2 Std. von dort weiter per Taxi.

INFOS

Abu Dhabi Falcon Hospital 1: T 02 575 51 55, www.falconhospital.com, Führungen Mo–Do 10 und 14 Uhr, Fr, So 10 Uhr. Im Falcon Hospital gibt es ein kleines **Restaurant** und Tagungsräume.

Cityplan: Karte 4, B 4 | **Bus** E100 ab Al Ghubaiba Station

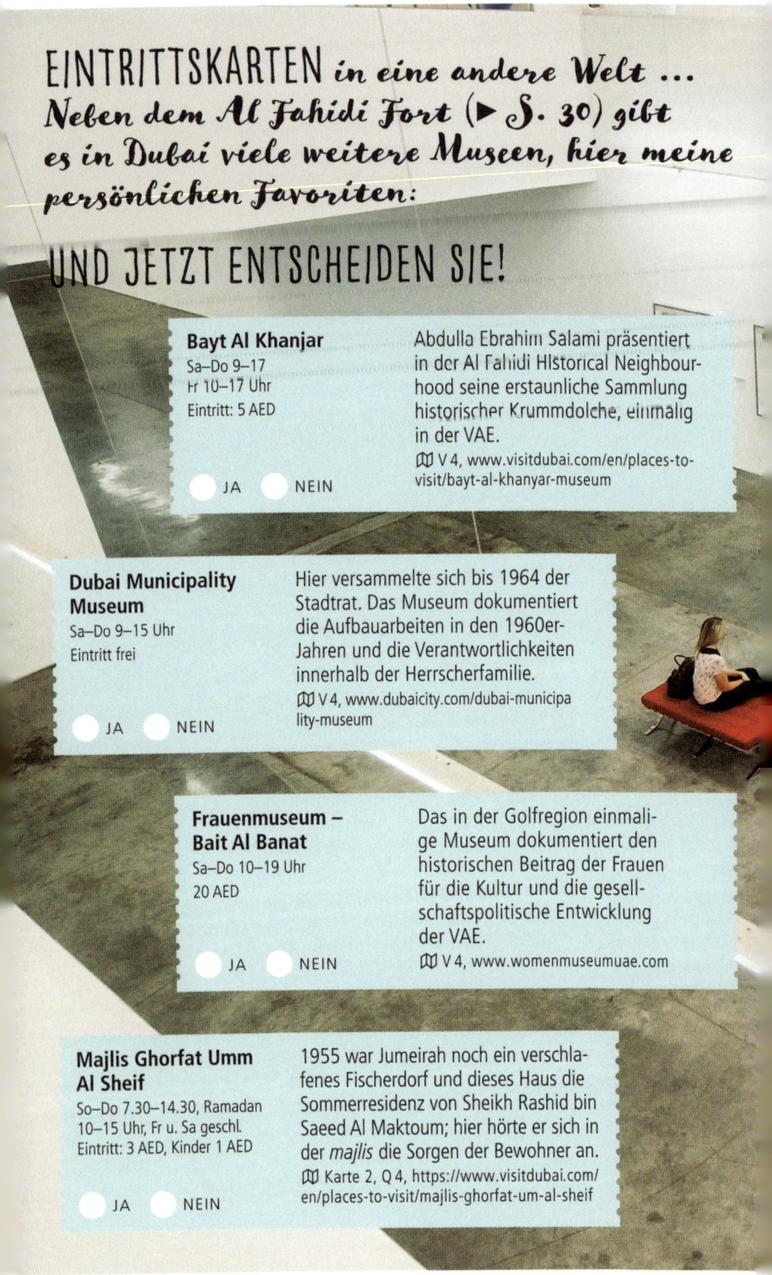

EINTRITTSKARTEN *in eine andere Welt …*

Neben dem Al Fahidi Fort (► S. 30) gibt es in Dubai viele weitere Museen, hier meine persönlichen Favoriten:

UND JETZT ENTSCHEIDEN SIE!

Bayt Al Khanjar
Sa–Do 9–17
Fr 10–17 Uhr
Eintritt: 5 AED

Abdulla Ebrahim Salami präsentiert in der Al Fahidi Historical Neighbourhood seine erstaunliche Sammlung historischer Krummdolche, einmalig in der VAE.

V 4, www.visitdubai.com/en/places-to-visit/bayt-al-khanyar-museum

○ JA ○ NEIN

Dubai Municipality Museum
Sa–Do 9–15 Uhr
Eintritt frei

Hier versammelte sich bis 1964 der Stadtrat. Das Museum dokumentiert die Aufbauarbeiten in den 1960er-Jahren und die Verantwortlichkeiten innerhalb der Herrscherfamilie.

V 4, www.dubaicity.com/dubai-municipality-museum

○ JA ○ NEIN

Frauenmuseum – Bait Al Banat
Sa–Do 10–19 Uhr
20 AED

Das in der Golfregion einmalige Museum dokumentiert den historischen Beitrag der Frauen für die Kultur und die gesellschaftspolitische Entwicklung der VAE.

V 4, www.womenmuseumuae.com

○ JA ○ NEIN

Majlis Ghorfat Umm Al Sheif
So–Do 7.30–14.30, Ramadan 10–15 Uhr, Fr u. Sa geschl.
Eintritt: 3 AED, Kinder 1 AED

1955 war Jumeirah noch ein verschlafenes Fischerdorf und dieses Haus die Sommerresidenz von Sheikh Rashid bin Saeed Al Maktoum; hier hörte er sich in der *majlis* die Sorgen der Bewohner an.

Karte 2, Q 4, https://www.visitdubai.com/en/places-to-visit/majlis-ghorfat-um-al-sheif

○ JA ○ NEIN

Kaffeemuseum (Coffee Museum)
Tgl. außer Fr 9–17 Uhr
Eintritt frei

JA NEIN

Alles, was mit Kaffee zu tun hat: In einem historischen Haus in Bastakiya entführt dieses Museum auf eine spannende Zeitreise durch die Welt des Kaffees. Mit sehr nettem Café und engagiertem Personal.
V 4, www.coffeemuseum.ae

Perlenmuseum
Mo–Fr, nur nach Anmeldung (s. Website)
Eintritt frei

JA NEIN

Die millionenschwere und vielfältige Sammlung eines Perlenhändlers veranschaulicht die mühsame, fast vergessene Arbeit des Perlentauchens.
Karte 2, V 5, im 15. Stock der National Bank of Dubai (NBD), www.pearlmuseum.ae

Etihad Museum
tgl. 10–20 Uhr, beschränkte Besucherzahl mit Führung alle 30 Min., Buchung bis 90 Tage vorher online möglich
Eintritt: 33 AED

JA NEIN

Eindrucksvoller Glasneubau, in dem der Zusammenschluss der 7 Emirate dokumentiert wird. In dem flachen ovalen Union House, daneben fand 1971 die Vertragsunterzeichnung statt.
2, T4, www.visitdubai.com/de/places-to-visit/etihad-museum

Jumeirah Archaeological Site
So–Do 8–14.30 Uhr
Eintritt frei

JA NEIN

Im 5./6. Jh. war Jumeirah ein Handelszentrum an einer Karawanenstraße von Oman nach Mesopotamien, wie die Grundmauern von Gebäudekomplexen hier belegen.
Karte 2, R 4, www.visitdubai.com/de/pois/jumeirah-archaeological-site

Salsali Private Museum (SPM)
So–Do 11–18, Sa 13–17 Uhr
Eintritt frei (2022 vorübergehend geschlossen)

JA NEIN

Der in Dubai lebende Iraner Ramin Salsali erfüllte sich einen Traum: Er zeigt in seinem Privatmuseum auf dem Alserkal Avenue-Gelände (► S. 82) neben eigenen Werken auch die junger Kollegen aus der Region.
Karte 2, O 5, www.salsalipm.com

Vom Kamel zum Cadillac

Die in Jahrhunderten bewährte Lebensweise der Beduinen, ihr mühsamer Alltag nach der Niederlassung am Creek, die Bemühungen um öffentliche Dienstleistungen oder die schwere Arbeit der Perlenfischerei – von diesen für die heutige Gesellschaft des Emirats so bedeutenden ›Wurzeln‹ gibt es im Dubai der Moderne fast keine Spuren. Nach der Entdeckung des Erdöls Mitte der 1960er-Jahre trennte man sich allzu leichtfertig z. B. von den ersten alten, engen Lehmhäusern am Creek und deren Inventar und zog in neue, weiträumige Häuser im westlichen Jumeirah.
Erst in den 1990er-Jahren besann man sich wieder der eigenen Geschichte. Mit aufwendigen Restaurierungen der wenigen erhaltenen Lehmbauten und vor allem mit einer Vielzahl von Rekonstruktionen begann die Stadtverwaltung, historische ›Zeugen‹ wieder im Stadtbild zu platzieren. Dazu zählen etwa das Al Fahidi Fort und das historische Bastakiya.
Die Stationen auf dem Weg zur Gegenwart dokumentieren darüber hinaus am besten Museen. Sie sind von nicht zu unterschätzendem Wert für die mit Computern groß gewordene junge Generation. In museumsdidaktisch hervorragend gestalteten Ausstellungsräumen führen sie dieser den beschwerlichen Alltag ihrer Großmütter und die Mühsal der Erwerbsarbeit ihrer Großväter anschaulich vor Augen.

TREIBSTOFF KUNST

Al Quoz war seit 1980 nicht mehr als ein schmuckloses Industriegebiet vor den Toren der Stadt gewesen. 2008 zog die erste Galerie in eine der leeren Hallen, 2012 beschloss der Emirati Abdelmonem Alserkal, hier als seinen persönlichen Beitrag zur Entwicklung Dubais einen *arts and culture district* anzusiedeln, und kaufte Teile des Geländes. Heute ist die nach ihm benannte **Alserkal Avenue** (Karte 2, O 5) ein spannendes Kulturzentrum mit Galerien für moderne Kunst und einem bunten Strauß an künstlerischen Aktionen (www.galeriemagazine.com/dubais-alserkal-avenue-celebrates-ten-years).

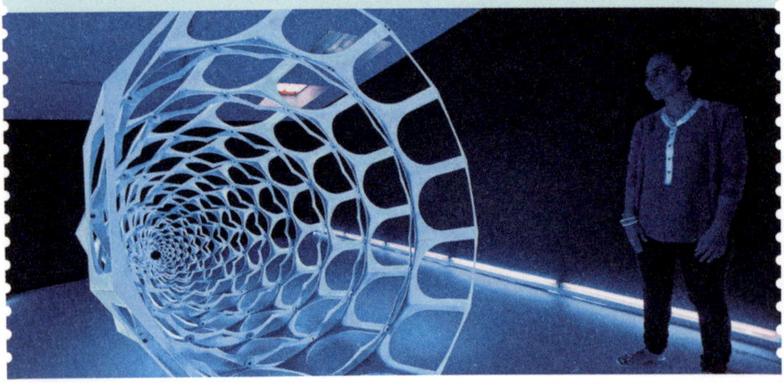

Strukturen aus der Natur und islamischer Architektur verschmelzen in der Arbeit von Sahand Hesamiyan in der Third Line Gallery (www.thethirdline.com).

Ramadan in Dubai

Der Ramadan ist der neunte Monat des islamischen Mondkalenders und der heilige Monat der Muslime. Er erinnert an die Zeit, als dem Propheten Mohammed erstmals der Koran offenbart wurde. Touristen, die während des Fastenmonats Ramadan nach Dubai kommen, erwarten dort sehr authentische Erlebnisse.

Während Muslime in aller Welt den gesamten Ramadan über zwischen Sonnenaufgang und Sonnenuntergang weder essen, trinken, rauchen noch sich körperlich lieben dürfen, werden die Gäste in den internationalen Hotels dessen ungeachtet mit Speisen und Getränken versorgt. Falls Hotelrestaurants räumlich nicht abgeschlossen sind, sind sie vor der fastenden Öffentlichkeit tagsüber ›blickdicht‹ abgeschirmt. Auch haben Einrichtungen wie etwa Golfclubs, Einkaufszentren, Museen, Sehenswürdigkeiten oder Wellness-Oasen geöffnet, nur zu anderen Zeiten als in den übrigen Monaten.

Denn während des Ramadan spielt sich das Leben nach Sonnenuntergang ab. Zum Fastenbrechen gehen dann viele muslimische Familien gerne gemeinsam zum **Iftar-Essen** in Hotelrestaurants oder eigens aufgestellte festliche Ramadan-Zelte mit stimmungsvollen Shisha-Lounges und arabischer Livemusik. Touristen sind bei diesen Iftar-Essen sehr willkommen. Alkoholausschank ist – wenn überhaupt – erst nach Sonnenuntergang erlaubt.

In den Tageszeitungen finden Sie während des Ramadan die täglichen Iftar-Angebote der Restaurants mit Preisangaben; in der Regel sind Iftar-Essen üppige Bufetts. Unter den vielen Iftar-Angeboten sind die unten aufgeführten Adressen zu empfehlen:

Authentisch libanesisch

Al Nafoorah Karte 2, T 5

▶ S. 93, Sonnenuntergang bis 23 Uhr, arabisches Buffet €€€

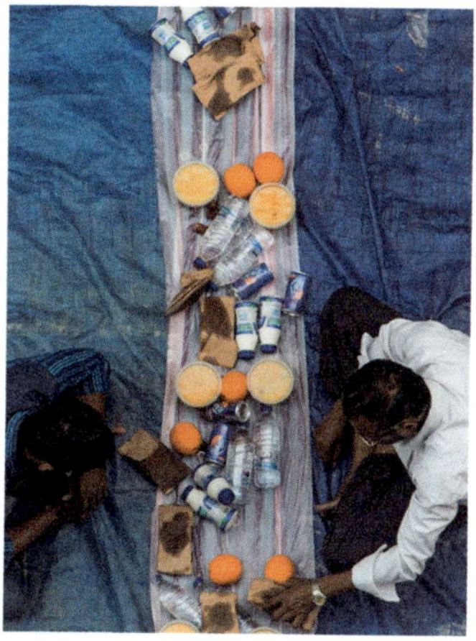

Kostenlose Iftar-Speisung in einem kommunalen Zelt

Im Versammlungsraum

Al Majlis Karte 2, M 4

Im Hotel Madinat Jumeirah (▶ S. 88), T 366 60 65; www.jumeirah.com; Sonnenuntergang bis 22 Uhr, arabisches Buffet €€€

Sehr eindrucksvoll wird in Dubai auch das Ende des Ramadan mit dem dreitägigen Fest des **Id al Fitr** begangen. Man tauscht Geschenke aus, es gibt öffentliche Veranstaltungen, und natürlich locken alle Köstlichkeiten der arabischen Küche.

Mehr über den Ramadan und den Islam erfahren Sie auf einer Führung durch die Jumeirah-Moschee (▶ S. 54).

Ramadan: 23. März–21. April 2023
11. März–10. April 2024
1.–31. März 2025

Pause. Einfach mal abschalten

Die Mehrzahl der touristischen Besucher folgt in Dubai einem Tagesprogramm, ob gebucht oder selbst zusammengestellt. Angesichts der klimatischen Verhältnisse werden Sie dabei aber auch über Pausen und Momente des Erholens nachdenken. Hier einige Tipps:

Raus aus der Mittagshitze

Wie können Sie sich zwischen 13 und 15.30 Uhr der Mittagshitze in der Stadt entziehen? In diesen Stunden kehrt auf Straßen und Plätzen spürbar eine allgemeine Ruhe ein, die Parkuhren gewähren freies Parken, und die einheimische Bevölkerung verbringt diese Zeit zu Hause. Was aber machen Sie, wenn Ihr Hotel weit entfernt liegt, wie überbrücken Sie diese Stunden in der Stadt?

Suchen Sie in jedem Fall klimatisierte Gebäude auf, in denen Sie sich bequem aufhalten können. Da sind zuerst die Shopping Malls. Ich empfehle Ihnen, bei Ihrer persönlichen Tagesplanung das Einkaufen in diese Zeit zu verlegen! Oder Sie steigen in einen klimatisierten Linienbus und fahren von einem Ende zum anderen und zurück. Oder Sie leisten sich eine Behandlung im Spa des nächsten Stadthotels …

Ab in den Park

Es ist nicht zu übersehen: Einheimische Familien halten sich gerne im Freien auf, die öffentlichen Parkanlagen mit und ohne Bademöglichkeiten sind bei der Bevölkerung sehr beliebt. Die meisten besitzen auch Angebote für Kinder vom Sandkasten mit schattenspendenden Sonnensegeln bis zu körperlich anspruchsvollen Spielgeräten. Sie werden feststellen, dass sich die öffentlichen **Parks** in Dubai durch hohe Attraktivität auszeichnen: üppiges Grün, sehr gepflegt, besucherfreundliche Infrastruktur (z. B. Toiletten etc.). In Dubai finden Sie ein halbes Dutzend solcher Parks.

www.dm.gov.ae/discover-dubai-public-parks

Nicht enden wollendes Grün

Creek Park 🕮 Karte 2, V 6

Der gepflegte Stadtpark mit schattenspendenden Bäumen, aufwendigen Blumenbepflanzungen und viel Rasen erstreckt sich über mehrere Quadratkilometer. Etwa ein Drittel seiner Fläche nehmen Spielanlagen für Kinder ein, seine Infrastruktur (Bänke, Toiletten, Papierkörbe etc.) ist ohne Makel. Anziehungspunkte sind die Uferwege entlang des Creek, die Childrens City und das **Dolphinarium** (www.dubaidolphinarium.ae) an Gate 1.

Zwischen Al Maktoum- und Al Garhoud-Brücke, auf der Bur Dubai-Seite des Creek, T 336 76 33
So–Mi 8–22, Do–Sa 8–23 Uhr, Eintritt 5 AED, Dolphinarium 25 AED

Immer wieder schön

Al Mamzar Beach Park

🕮 Karte 2, Z 4

Ein öffentlicher Park mit Badestrand ist der Al Mamzar Beach Park. Der Khor Al Mamzar, eine ins Festland reichende Meeresbucht, bildet seinen natürlichen Rahmen. Der Park dehnt sich über eine Hügellandschaft aus und bietet neben Meer und Strand auch Schwimmbäder, Cafés und Restaurants sowie Grillmöglichkeiten und einen großen Spielplatz. Tagsüber können Sie im Park auch ein Strandhaus mieten.

Al Khaleej Road, im Osten der Stadt, T 508 58 98 97, tgl. 8–22 Uhr, Mo und Mi nur Frauen (mit Kindern, Eintritt: 5 AED, Auto; 30 AED, www.dm.gov.ae/historic_item/al-mamzar-beach-park

Idealer Rückzugsort

Safa Park 🕮 Karte 2, Q/R 4/5

Mehr als drei Viertel des Parks sind gepflegte Rasenflächen mit hohem

Zufrieden am Ende eines schönen Tages am Kite Beach

Baumbestand und vielen Blumenbeeten am Rande großer Seen. Im Park leben ca. 200 unterschiedliche Vogelarten … und das hört man. An seiner östlichen Seite erstreckt sich heute der Dubai Water Canal mit Blick auf Downtown Dubai und den Burj Khalifa.

Al Wasl Road, T 80 09 00, So–Sa 8–2 Uhr, 5 AED

Spaß ohne Bremse

Zabeel Park 🕮 Karte 2, U 5

Er gehört zu den großen Parkanlagen und ist zweigeteilt: in eine Parkanlage zum Spielen mit vielen technisch anspruchvollen Geräten und Klettermöglichkeiten und einen Parkteil mit viel Rasen, Bäumen und Blumenbeeten andererseits. Am östlichen Rand des Zabeel Parks eröffnete 2018 **The Frame,** ein 140 m hohes, schlankes Gebäude in Form eines gigantischen »Bilderrahmens«, das von seiner oberen Umrandung den Blick über ganz Dubai ermöglicht. Eine weitere Attraktion im Zabeel Park ist der **Ripe Market,** ein Flohmarkt mit viel Kunsthandwerk und Bio-Essstationen (nur Fr 10–15 Uhr).

Zabeel Park: nahe Al Jafilya Metro Station und World Trade Center, T 507 25 29 94, Sa–Mi 8–22, Do–Fr 8–23 Uhr, 5 AED

The Frame: Zabeel Park Eingang 4. Zufahrt über Sheikh Rashid Road, tgl. 9–21 Uhr, Eintritt 50 AED (ab 60 Jahre frei), Kinder 20 AED

Badefreuden für lau

Wer kein Hotel am langen Jumeirah Beach oder auf The Palm Jumeirah gebucht hat, kann deren schöne Strände nur mit einem kostenpflichtigen Day Pass benutzen. Aber es gibt dort auch öffentliche Strände *(public beaches)*, an denen man zwischen Sonnenauf- und -untergang kostenlos baden kann. Dazu gehören die große Strandanlage La Mer (🕮 Karte 2, S 4), der Jumeirah Open Beach (🕮 Karte 2, S 3), der Umm Suqeim Beach (🕮 Karte 2, N 4), ›Kite‹ Beach (🕮 Karte 2, O 4) oder der Al Sufouh Beach (🕮 Karte 2, M 3 nordöstl. des Zugangs zur Palm Jumeirah).

GUT ZU WISSEN

Wenn Sie Ihr Hotel über ein **Reisebüro** zu Hause buchen, zahlen Sie oft weniger als vor Ort.
Bei **Last-Minute- und Internet-Angeboten** stoßen Sie möglicherweise auf noch günstigere Preise. Immer kommen aber 10 % Bedienung, 7 % *municipality tax*, weitere 5 % Mehrwertsteuer (seit 2018) und der sog. *tourism dirham* in Höhe von bis zu 5 € pro Nacht und Zimmer hinzu. Einzelzimmer sind kaum billiger als Doppelzimmer.

PREISE

So viel kostet in etwa ein Doppelzimmer mit Frühstück:

€	bis 80 €
€€	80 bis 150 €
€€€	über 150 €

Zelt war gestern

Beduinen brauchten keine Hotels. Wenn Fremde kamen, standen sie unter dem Schutz des jeweiligen Sheikhs. Er gewährte ihnen seine persönliche Gastfreundschaft, und nach drei Tagen brachen sie wieder auf. Deshalb gab es in Dubai bis in die 1960er-Jahre keine Hotels.

Mit der Entdeckung des Erdöls mussten zunächst die ausländischen Geschäftsleute untergebracht werden, Mitte der 1990er-Jahre folgte die Trendwende: Tourismus sollte eine Wirtschaftsperspektive für die ›Nach-Ölzeit‹ werden. Der schöne lange Sandstrand 15 km westlich vor den Toren der Stadt heißt seitdem Jumeirah Beach. Ende 1999 eröffnete auf einer Insel im Meer das Prestigehotel Burj Al Arab, es folgten unzählige weitere. Keine Stadt der Welt besitzt heute so viele neue **Hotels** im Luxussegment. In der ersten Reihe des Jumeirah Beach stehen allein mehr als 20, gegenüber auf The Palm Jumeirah, dem ersten ins Meer gebauten Strandgewinnungsprojekt in Form einer Palme, ein weiteres Dutzend, z. B. Dubais größtes Strandhotel Atlantis.

Aber es gibt Alternativen zum Luxus: Nicht direkt am Strand aber in allen Stadtteilen haben zunehmend neue ansprechende größere Mittelklassehotels der 3- und 4-Sterne-Kategorie eröffnet. Kleine Boutique Hotels in alten rekonstruierten Stadthäusern (https://traveljee.com/destination/asia/uae-asia/heritage-hotels-in-dubai), die aber nach der Corona-Pandemie noch nicht alle wieder eröffnet sind. Auch eine Jugendherberge gibt es, und man kann Privatunterkünfte mieten, z. B. www.airbnb.de).

Reif für die Insel? Luxus pur im Atlantis auf The Palm

Hauch des Orients
Arabian Courtyard Hotel V 4
Mitten im Herzen von Bur Dubai, gegenüber dem Al Fahidi Fort und der Großen Moschee, steht der ›Arabische Hof‹, einst ein Apartmenthaus für Geschäftsleute und nach gründlicher Renovierung ein ansprechendes Hotel, dessen 173 Zimmer viel orientalisches Flair ausstrahlen: Geräumigkeit, schwere Möbel, Plüsch, aber auch Hightech. Outdoor-Pool und Spa erhöhen die Attraktivität des Hauses.
Al Fahidi Street, T 351 91 11, www.arabiancourtyard.com, Metro Green Line, Station Al Fahidi, €€

Unter Jugendlichen
Dubai Youth Hostel Karte 2, Y 6
Es ist kaum zu glauben: Dubai besitzt eine schöne Jugendherberge, und nicht nur für Jugendliche. Zwei Gebäude mit insgesamt 102 Betten, davon die meisten in Zweibettzimmern, alle Räume sind klimatisiert, nach Geschlechtern getrennte Flure, eigene *family section* für Paare. Ein sicheres Haus (kameraüberwachte Flure) mit mehreren Aufenthaltsräumen, Internetcafé, eigenem Reisebüro und Außenschwimmbad.
Al Nahda Road 39, Al Qusais Area 1, Al Ahli Sports Club, 15 Automin. vom Flughafen, T 298 81 61, www.uaeyha.com, Metro Green Line, Station Al Qusais, rund um die Uhr geöffnet, einchecken nach 12 Uhr, €

Down by the riverside
Riviera Hotel V 4
In Dubai kennt es jeder, denn es gehört zu den älteren Hotels der Stadt. Es wurde mehrfach renoviert, die 109 Zimmer wurden neu eingerichtet. Das achtstöckige Gebäude mit zwei Restaurants direkt am Creek ist von seiner Lage her für Fans pulsierenden Hafenlebens und wegen der kurzen Wege zu den Souqs ideal.
Baniyas Road, Deira, T 222 21 31, www.rivierahotel-dubai.com, Metro Red Line, Station Baniyas Square oder Bus 17, €€

Urban Living
Hampton by Hilton Dubai Al Seef
Karte 2, V 5
Genau das hat am Creek gefehlt: Das 2018 im Stadtteil Al Seef eröffnete Stadthotel in modernem Design und mit einladender Lobby. 150 helle, ca. 20 m² große »Pocket Rooms« mit neuster Technologie, Eisschrank, Kaffeemaschine, bequemem Doppelbett und Stadtplan an der Zimmerdecke; sogar einem Schwimmbad auf dem Dach.
Al Seef, T 707 70 77, www.hilton.com/en/hotels/dxbalhx-hampton-dubai-al-seef, Metro Red Line, Station Bur Juman, €€

Komfort am Creek
Canopy by HiltonDubai Al Seef
Karte 2, V 5
Direkt neben dem Hampton by Hilton am Creek, nur etwas größer und etwas komfortabler, 35 m² große Zimmer mit Eisschrank und Kaffeemaschine, große Dusche, ruhiges Haus, üppiges Frühstücksbuffet, freundlicher Service.
Al Seef, T 245 42 24, www.hilton.com/en/hotels/dxbsepy-canopy-dubai-al-seef, Metro Red Line, Station Bur Juman, €€–€€€

Kunst und gut
XVA Art Hotel V 4
Die Britin Mona Hauser hat im restaurierten Altstadtviertel Bastakiya das alte arabische Stadthaus Nr. 15 a (die Hausnummer in römischen Ziffern ist der Name des Hotels) zu einer idealen Verbindung von Pension, Galerie und Café gestaltet. Nur 13 kleine, liebevoll eingerichtete Zimmer gruppieren sich um einen schönen Innenhof. Die kunstsinnige Besitzerin verwirklichte hier ihren Traum: Im Innenhof stehen jeden Monat neue Objekte der Künstler ihrer Galerie.
Al Fahidi Neighbuorhood (früher Bastakiya), Nr. 15 a, in der Fußgängerzone, T 353 53 83, www.xvahotel.com, Metro Green Line, Station Al Fahidi, €€

Star-Design
Golden Sands Hotel Creek
Karte 2, V/W 5
Stararchitekt Carlos Ott, der die Opéra La Bastille in Paris entworfen hat, baute dieses Boutique-Hotel (bis 2020 Hilton Dubai Creek). Außen Stahl und Glas, innen dominieren helles Holz, Chrom und Ledermöbel in hellen Farben. Auf dem Dach befindet sich das Schwimmbad.

Baniyas Road, direkt am Creek in Höhe des Dhau-Hafens, T 212 70 00, www.goldensandscreek.com, Metro Red Line, Station Al Rigga, €€–€€€

Ein Traum

Park Hyatt Dubai Karte 2, V 6
Stilvoller Luxus inmitten von 2000 Palmen in einer Oase der Eleganz und der Ruhe: wenige Minuten vom Flughafen entfernt, dennoch vom Fluglärm verschont, direkt am Creek auf dem Gelände des schönsten Golfclubs in Dubai gelegen und in unmittelbarer Nähe des alten Stadtzentrums mit seinen Souqs. Sehr großer Pool und Spa für höchste Ansprüche. 225 geräumige Zimmer und Suiten mit offenem Bad und freistehender Badewanne, alle mit Balkon und Aussicht auf den Creek.
Im Dubai Creek Golf & Yacht Club, T 602 12 34, www.hyatt.com/de-DE/hotel/united-arab-emirates/park-hyatt-dubai21/dxbph, Metro Red Line, Station Deira City Center, €€€

Architektonische Ikone

JW Marriott Marquis Dubai
Karte 2, R 5
Zwei gigantische Hoteltürme von ausgefallenem Design am Rande des Water Canal, mit 1600 Zimmern das größte Stadthotel mit umfassender Infrastruktur, perfekter Organisation und sehr freundlichem Service; ideal für Geschäftsreisende.
Sheik Zayed Road, Business Bay, T 414 00 00, www.marriott.com/en-us/hotels/dxbjw-jw-marriott-marquis-hotel-dubai/overview, Metro Red Line Station Business Bay, €€€

Neu, stadtnah, ökologisch

Hyatt Centric Jumeirah
Karte 2, T 3/4
Am Rande der weitflächigen Strandanlage La Mer eröffnete 2022 ein schönes Hyatt-Hotel, in dem es den Gästen dank wohlüberlegter Ausstattung und aufmerksamem Service an nichts mangelt. Zudem gehört es zu den wenigen Hotels in Dubai, deren (deutsche weibliche) Leitung in ihrem Haus vorbildlich auf ökologische Standards achtet.
Am La Mer Beach, Jumeirah 1, T 302 12 34, www.hyatt.com/en-US/hotel/united-arab-mirates/hyatt-centric-jumeirah-dubai/dxbcl, €€€

Schweizer Qualität

Mövenpick Jumeirah Beach
Karte 3, J 3
An der Dubai Marina gibt es mehr als ein Dutzend Hotels mit Strandzugang, aber das Mövenpick Jumeirah Beach vermittelt europäische Vertrautheit und verlässlichen Komfort. Alle Zimmer mit Meerblick, gute Schweizer Küche.
Dubai Marina, The Walk, T 449 88 88; www.movenpick.com/de/middle-east/uae/dubai/hotel-dubai-jumeirah-beach/overview, €€

Luxus mal drei

Madinat Jumeirah Karte 2, M 4
Das orientalische Resort präsentiert sich als gelungene Verbindung von arabischer Tradition, modernster Ausstattung und luxuriösem Design. Konzipiert ist es als autarkes Urlaubs- und Erholungsresort (*madinat* = arab. Stadt) mit einem faszinierenden Souq (tgl. 10–22 Uhr). Untergebracht werden die Gäste in getrennten, durch das Gartengelände miteinander verbundenen Luxushotels **Al Qasr** (202 Zimmer), **Mina A'Salam** (292 Zimmer) und in 29 luxuriösen, zweistöckigen Sommerhäusern, den **Dar Al Masyaf** (283 Zimmer). Wasserstraßen durchziehen die grüne Anlage mit hohen Palmen und mehreren Pools, auf denen man sich in traditionellen *abras* bewegt. Ein faszinierendes Ferienresort an einem sehr schönen Strand. Erweitert wurde die Anlage 2017 durch ein viertes Hotel, das **Jumeirah Al Nasseem.**
King Salman Bin Abdulaziz Al Saud St., am Burj Al Arab, T 366 88 88, www.jumeirah.com, €€€

Königlich und einzigartig

One & Only Royal Mirage Dubai
Karte 3, K 3/4
Inmitten einer aufwendig gestalteten, riesigen Parkanlage verstecken sich drei miteinander verbundene Hotels: das Palace, ein orientalischer Palast, der Arabian Court, eine beduinisch dominierte Edelherberge, und das Residence & Spa, ein der Ruhe und Erholung gewidmeter Komfortkomplex mit nur 48 Zimmern, der als Ensemble zu den Leading Hotels of the World gehört.

Kleine Provokation im XVA Art Hotel: die Männer verhüllt, die Frau hebt den Schleier an

Empfangen wird der Besucher von einer Gruppe lebensgroßer, funkelnder Kamele samt Reiter aus vergoldeter Bronze, die der südafrikanische Bildhauer Danie de Jager um eine Wasserstelle im Hof herum arrangiert hat. Die Skulptur versinnbildlicht den Stil des Hotelkomforts: die Verschmelzung von arabischen und europäischen Stilelementen ohne Abgleiten ins Kitschige. Alle Zimmer und Suiten mit Meerblick, herrlicher Sandstrand und schöne Pool-Landschaft in prächtiger Gartenanlage, herausragender Spa- und Wellness-Bereich und sehr gute Restaurants. Das One & Only Royal Mirage gehört zu den traditionsreichsten Parkhotels am Jumeirah Beach und ist auch das schönste.

Al Sufouh Road, am Zugang zu The Palm Jumeirah, T 399 99 99, www.oneandonlyresorts.com/royal-mirage, Tram Palm Jumeirah, €€€

Die guten alten Zeiten

Waldorf Astoria Dubai Palm Jumeirah Karte 3, M 2

Wer das Hotel betritt, ist beeindruckt: Stilvoll, dezent, elegant – eben ein Waldorf. Der Blick gleitet auf die große gepflegte Gartenanlage und den langen weißen Sandstrand. Alle Zimmer mit Meerblick, entweder hinüber zur »Palme« oder zum Jumeirah Beach, sehr freundlicher kompetenter Service. Wer hier einmal wohnte, wird es immer in Erinnerung behalten.

Palm Jumeirah, East Crescent, T 818 22 22, https://waldorfastoria3.hilton.com/en/hotels/uae/waldorf-astoria-dubai-palm-jumeirah-DXB-PDWA/index.html, €€€

Der Juwel der Palm Jumeirah

One & Only The Palm Karte 3, K3

Es ist das exklusivste aller Strandhotels in Dubai, ein abgeschiedenes Refugium eingebettet in eine üppige Gartenlandschaft mit großem Schwimmbad und aufwendigem Spa; ein Traum maurischer Architektur an einem breiten Sandstrand. Das Hotel wurde mehrfach ausgezeichnet und ist zu den Leading Hotels of the World aufgestiegen (www.lhw.com).

Palm Jumeirah, Western Crescent, T 440 10 10, nur mit dem Taxi oder per Boot zu erreichen; www.oneandonlyresorts.com/de/the-palm, €€€

ZUM SELBST ENTDECKEN

Zu den gastronomischen Abenteuern im Emirat gehören die **offenen Schnellküchen** und die *sharwarma*-Stände entlang den Straßen, in denen Sie mit gegrilltem Lamm- oder Hähnchenfleisch, Salat und arabischem Fladenbrot den kleinen Hunger für 10 AED stillen können. Dazu ein frisch gepresster Orangensaft für ebenfalls nur 10 AED.

PREISE

So viel kostet in etwa ein Hauptgericht:

€	bis 20 €
€€	20 bis 30 €
€€€	über 30 €

Gaumenfreuden ad lib

An einem Ort, an dem heute mehr als zwei Mio. Menschen aus über 100 Ländern leben und arbeiten, etabliert sich schnell eine internationale Gastronomie mit einer breiten Vielfalt. Das war in Dubai lange nicht der Fall. Beduinen kannten keine Restaurants, und deshalb gab es vor dem Erdölboom auch keine von Einheimischen geführten Speiselokale mit lokaler Küche. Man speiste zu Hause, und wenn bei festlichen Anlässen viele Gäste zu Besuch kamen, kochte man gemeinsam auf vertraute beduinische Weise.

Heute sind die unbegrenzten kulinarischen Möglichkeiten, die mit den Expatriates nach Dubai kamen, ein Qualitätszeichen der Destination, zumal die Chefköche vielfach ausgezeichnet wurden. Und es gibt jetzt viele arabische Lokale, auch mit traditionellen Gerichten aus Dubai.

An der Spitze des gastronomischen Angebots stehen die Restaurants in den großen Luxushotels. Sie erreichen höchstes Niveau, orientieren sich an den weltweit beliebtesten Küchen – und erfreuen sich auch deshalb großer Beliebtheit, weil nur dort alkoholische Getränke ausgeschenkt werden.

Wenn Sie an einem Wochenende (Freitag/Samstag) in Dubai weilen, sollten Sie sich in einem der großen Hotels den **Saturday's Brunch** nicht entgehen lassen, der an Üppigkeit und Ausgefallenheit nicht zu überbieten ist. (z. B. im Mövenpick Jumeirah Beach, ► S. 88)

Auch die vegetarische Küche ist in Dubai vertreten, und erste vegane Restaurants wurden eröffnet.

Mittagssnack mit Skyline an der Dubai Marina

CAFÉS

Wie zu Hause

The Lime Tree Café Karte 2, T 4

Ein klassisches Jumeirah-Familienhaus wurde zum kinderfreundlichen Café und Restaurant mit Balkon und Gartenterrasse umgestaltet. Sehr gute Küche, u. a. schmackhafte Suppen, große Kuchenauswahl (Spezialität Käsekuchen!), aufmerksamer Service.

Neben der Jumeirah Mosque, Jumeirah Beach Road, T 349 84 98, www.thelimetreecafe.com, Bus 8, 88, Sa–Do 8–18 Uhr, €

Treffpunkt für junge Leute

MishMash Karte 2, V 5

Bistro und Café, modernes funktionales Interieur und peppiges Design, internationale Kurzgerichte, die immer frisch zubereitet werden; große Auswahl an Obst- und Gemüsesäften; schmackhaftes Frühstück, freundlicher Service.

Im Zabeel House Mini, Al Seef St. (► S. 87), T 707 71 20, tgl. 8–24 Uhr, €

Indoor-Italiener

Panini Karte 2, U 6

Ein herrlicher Blick in den Regenwald der Hotellobby aus einem italienischen Café. Auswahl an hauseigenen Kuchen, guter Espresso – eben ein Italiener in Dubai. Klassisches Indoorcafé mit Straßenverkauf.

Im Grand Hyatt Dubai, Riyadh St./Ecke Sheikh Rashid Road, T 317 12 34, Bus 61, 66, tgl. 8–1 Uhr, €

GUT UND GÜNSTIG

Fastfood-Alternative

BurJuman V 5

Sie liegen alle nebeneinander – ein Dutzend Selbstbedienungsrestaurants, in denen Sie sich auf eine kulinarische Weltreise begeben können. Zwar wird das Essen auf Plastikgeschirr gereicht, aber die Lage ist erstklassig: Sie sitzen unter der lichtdurchfluteten Glaskuppel im dritten Stockwerk des älteren Bereichs und können in Ruhe das Einkaufstreiben auf den darunter liegenden Ebenen beobachten.

Im BurJuman Centre, Trade Centre Road/Ecke Khalid Ibn Al Waleed Road, T 352 02 22, www.burjuman.com, Metro Red Line, Station Burj Juman Center, Sa–Mi 10–23, Do u. Fr 10–24 Uhr, €

Gut und schnell

Danial V 4

Iranische Küche wird im 2. Stock der Twin Towers serviert mit reizvollem Blick auf den Creek und hinüber nach Bur Dubai, preiswertes, vielseitiges Mittagsbuffet.

Twin Towers, 3. Stock, Baniyas Road, T 227 76 69, https://danialrestaurant.com/twin-tower-branch, tgl. 12.30–24 Uhr, Bus 27, 53, €

Mittendrin

Blue Barjeel V 4

Mitten unter Einheimischen, Möwen und vorbeilaufenden Fußgängern bietet dieses einfache Lokal direkt am Creek eng zusammengestellte Vierertische, freundliches Personal, freien Blick hinüber nach Deira und die vorbeifahrenden Boote.

50 m nördlich der Abra-Anlegestelle in Bur Dubai, T 353 22 00, Metro Green Line, Station Al Ghubaiba, tgl. 10–22 Uhr, €

Ü ÜBRIGENS

Es gibt Alternativen zu den Filialen der amerikanischen Fastfood-Ketten: Die **Food Courts** in den Shopping Malls. Jede Mall besitzt – meistens im obersten Stock – einen Food Court mit mehreren Selbstbedienungsrestaurants, die Speisen aus unterschiedlichen Küchen anbieten. Darunter sind asiatische Gerichte, gegrillte oder gebackene Hühnchen, und immer eine große Salatauswahl, ein Kuchenbuffet rundet die Sache ab. Hier werden Sie für 25–30 AED satt.

AM WASSER

In der ersten Reihe

Bayt Al Wakeel V 4

Das lebhafte Hin und Her der Abras auf dem Creek lässt sich sehr eindrucksvoll von der Restaurant-Terrasse im Haus des ehemaligen britischen Beauftragten in Dubai beobachten. Sehr beliebtes, nettes Lokal, näher können Sie am Creek nicht speisen.

Zu erreichen vom Souq in Bur Dubai, direkt am Creek, T 353 05 30, www.wakeel.ae, Metro Green Line, Station Al Fahidi, tgl. 12–24 Uhr, €

Strand und Sterne

The Beach Bar & Grill

Karte 3, K 3/4

Sie gelangen durch die beeindruckenden Hallen des Hotels und den herrlichen Garten mit Blumenbeeten und duftenden Jasminbäumen in das direkt am Strand gelegene romantische Terrassenrestaurant: toskanische Möbel auf Holzplanken, edles Dekor am Palmenstrand, direkter Blick auf The Palm Jumeirah, hervorragende Fisch- und Fleischgerichte, gute Auswahl an vegetarischen Menüs. Das verspricht einen gelungenen Abend!

Im One & Only Royal Mirage, King Salman bin Abdulaziz Al Saud St., T 399 99 99, Tram, Station Palm Jumeirah, tgl. 12–15.30, 19–23.30 Uhr, €€€

Direkt am Creek

The Boardwalk Karte 2, V 6

Der Jachthafen und die Geschäftigkeit am und auf dem Creek erklären die Beliebtheit dieses Lokals des nahen Park Hyatt (►S. 88). Die große Holzterrasse ermöglicht eine schöne Aussicht auf Bur Dubai und die Skyline entlang der Sheikh Zayed Road. Wenn Sie im Freien gerne auf jüngeres Publikum treffen und

Verlockendes Angebot kulinarischer Art im Vorbeigehen – in einem Straßencafé an der Dubai Marina

sehr gute mediterrane Küche mögen, dann sind Sie hier gut aufgehoben.
Im Dubai Creek Golf & Yacht Club, T 205 46 47, www.hyattrestaurants.com/en/dining/uae/restaurant-in-dubai, Metro Red Line, Station Deira City Center, €€€

Open Air und Multikulti

QD's Karte 2, V 6
Das ›Quarterdeck‹ (QD) neben dem Clubhaus des Dubai Creek Golf & Yacht Club ist ein Openair-Spot mit Bänken und hölzernen Tischen. Es werden nur kleine, gute Gerichte wie Snacks und Pizzas gereicht. Für Unterhaltung und Ambiente sorgen wechselnde DJs und an den Wochenenden von Januar bis März auch Livemusik (meist Reggae) sowie die wunderbaren Sonnenuntergänge.
Im Dubai Creek Golf & Yacht Club, T 295 60 00, https://www.hyattrestaurants.com/en/dining/uae/restaurant-in-dubai, Metro Red Line, Station Deira City Center, So–Mi 17–2, Do u. Fr 17–3 Uhr, €€

NATIONALE BESONDERHEITEN

US-Steak House

Prime 68 Karte 2, R 5
Im 68. Stock eines bewundernswerten Hotelturms bei atemraubendem Blick über die Business Bay wird Ihnen das beste Steak in Dubai serviert. Dazu eine große Auswahl an Salaten, Soßen und Beilagen; kompetente Beratung!
Im JW Marriott Marquis Dubai, Sheikh Zayed Road, Business Bay, T 414 30 00, Metro Red Line Station Business Bay, So–Fr 18–24, Sa 18.30–24, Saturday Brunch 13–16 Uhr, €€€

Mamma mia

Gran Caffé Karte 2, S 5
Das italienische Restaurant im 2. Stockwerk der Dubai Mall bietet sehr gute italienische Küche an, zwei Dutzend Pizza- und Pasta-Variationen eingeschlossen. Die besondere Zugabe: Von der breiten Terrasse des Restaurants hat man den besten Blick auf den wunderbar illuminierten Dubai Fountain (►S. 60) und das wechselnde Ensemble der auf- und absteigenden Fontänen des Brunnens.
Dubai Mall, Fashion Avenue, 2. Stock, T 225 00 00, 05 23 42 70 00, tgl. 9–24 Uhr, €€

P PLATZ-WAHL

In allen besseren Restaurants werden Sie am Eingang freundlich empfangen und an einen freien Tisch geführt. Niemals sollten Sie sich einfach an einen scheinbar freien Tisch begeben und ohne Absprache dort Platz nehmen. Auf diese Etikette weist eine dezente Tafel am Eingang hin: »Please wait to be seated«.

Vive la France

Brasserie du Park Karte 2, V 6
Die vorzügliche französische Küche (Schwerpunkt Normandie), die erlesene Weinauswahl und der Blick über den Jachthafen auf die Skyline von Dubai verwandeln den Besuch zu einem nachhaltigen Erlebnis. Je reviens!
Im Park Hyatt Dubai (► S. 88), tgl. 12.30–15.30 und 19–23.30 Uhr, €€€

ARABISCHE KÜCHE PROBIEREN

Alles Arabisch

Al Nafoorah Karte 2, T 5
Authentisch-libanesische Edelgastronomie mit Plätzen im Freien, sehr freundliches Personal, bester *hoummus* in Dubai!
Im Jumeirah Emirates Towers, Sheikh Zayed Road, T 319 87 60, Metro Red Line, Station Emirates Towers, tgl. 12.30–15.30 und 18–24 Uhr, Sharwarma sehr empfehlenswert!, €€€

Verlockender Orient

Awtar Karte 2, U 6
Es sind die arabische Küche und das stilvolle Dekor des Orients, die das

Awtar zu etwas Besonderem machen. Ob Mezze als Hors d'œuvre, gegrillte Fleischgerichte als Hauptgang oder die köstlichen arabischen Desserts – von hoher Qualität und liebevoll zubereitet. Das Design des Restaurants (die Decke als Zelt) und die arabische Livemusik inklusive Bauchtanzdarbietungen wecken Vorstellungen von Scheherazade und 1001 Nacht. Den abschließenden Kaffee oder arabischen Tee mit Minze können Sie wahlweise auf der Außenterrasse einnehmen, wo Rauchen erlaubt ist.

Im Hotel Grand Hyatt Dubai, T 317 22 22, Metro Green Line, Station Healthcare City, oder Bus 61, 66, tgl. 19.30–3 Uhr, €€€

Auf dem Dach

The Edge Karte 2, V/W 5

Im 14. Stock, auf dem Dach des Golden Sands Hotel Creek, werden am Abend rund um den türkisblauen Pool gute Drinks, aber vor allem eine Vielfalt kleiner orientalischer Köstlichkeiten angeboten. Probieren Sie einen großen Vorspeisenteller Mezze, es gibt keinen besseren; das gilt auch für den Blick auf die Skyline von Dubai und die Schiffe auf dem Creek.

Golden Sands Hotel Creek (► S. 87), T 212 75 51, Metro Red Line, Station Al Rigga, tgl. 18–23.30 Uhr, €€

Straßencafé

Al Mallah Karte 2, T 4

In dem libanesischen Straßenrestaurant sitzen die Gäste auf Plastikstühlen unter grünen Sonnenschirmen und erfreuen sich an der bunten Vielfalt der vorbeiflanierenden Passanten; das Essen ist einfach, preiswert und gut und einen Zwischenstopp wert.

Al Dhiyafah Road, T 600 52 25 21, www.almallahuae.com, Metro Red Line, Station World Trade Center, tgl. 7–2 Uhr, €

UNTERSCHIEDLICH ARABISCH

Selbstverständlich lädt Dubai auch dazu ein, die arabisch-orientalische Küche in ihren unterschiedlichen Variationen zu probieren. Ungeachtet des Fehlens einer eigenen kulinarischen Tradition bieten heute einheimische Gastronomen klassische beduinische Gerichte unter Verwendung von Kamelfleisch an. Wenn auch Sie die feinen Unterschiede zwischen iranischen, marokkanischen oder libanesischen Spezialitäten kennenlernen möchten, ist Dubai genau der richtige Ort. Denn viele Expatriates aus arabischen Ländern haben sehr schnell die Chance erkannt, mit einem eigenen Restaurant und den Gerichten aus ihrer Heimat gutes Geld zu verdienen. Da nicht nur ihre Landsleute, sondern auch die Dubai'in gerne dort speisen, erfreuen sich arabische Restaurants großer Beliebtheit, die besten unter ihnen werden regelmäßig ausgezeichnet.

Arabische Gerichte sind wesentlich stärker gewürzt als europäische. Jedes Essen wird von flachem **Fladenbrot** *(pitta)* begleitet, das zum Teil die Gabel ersetzt: Man bricht davon kleine Stücke ab, umwickelt Teile der Speisen und führt damit das Essen zum Mund. Fast immer gibt es auch Reis, der mit verschiedenen **Soßen** *(curries)* serviert wird, und **Kichererbsenpüree** *(hoummus)*. Lamm und Huhn ist das bevorzugte **Fleisch,** eine lokale Spezialität ist Kamel, Rind ist selten und teuer, Schwein gibt es gar nicht. Wegen der Nähe zum Meer finden Sie hervorragenden **Fisch** auf jeder Speisekarte.

Die beliebtesten **Nachspeisen** am Golf sind *umm ali,* ein köstlicher Brotpudding mit Zucker, Zimt, Muskat und Rosenwasser, oder *mehalabiya,* ein Pudding mit Rosenwasser, Mandeln und Pistazien.

Zum Abschluss eines Essens gibt es arabischen **Kaffee,** zu dem meist Datteln gereicht werden. Wenn Sie Spaß daran finden, können Sie danach noch eine **Shisha** (Wasserpfeife) probieren.

Zum Kardamom-Kaffee gibt's ganz stilecht keinen Keks, sondern Datteln.

ASIATISCHE SPITZENKÜCHE

So speist Bollywood

Asha's Dubai – Wafi Karte 2, U 6

Das mehrfach preisgekrönte Asha's gehört zu den besten indischen Restaurants der Stadt. Benannt ist es nach seiner Besitzerin, der bekannten indischen Sängerin Asha Bhosle. Genießen Sie hervorragende nordindische Küche mit einer breiten Palette an Gemüsen und Salaten, schmackhaftes Lamm-Kebab und frische Fruchtsäfte.

Wafi City, zwischen Cleopatra's Spa und Wafi Mall, Al Quta'eyat Road, Bur Dubai, 1. Stock neben dem Parkhaus, T 324 41 00, https://ashasrestaurants.com/dubai, Bus 42, 44, tgl. 12–24 Uhr, €€ (weitere Filiale in der Mall of the Emirates, Karte 2, M 5, T 395 12 31)

Indische Träume

IZ Karte 2, U 6

Hier wird authentische indische Küche als Live-Cooking-Erlebnis zelebriert. Sie wählen ein Stück Fleisch, einen Fisch oder vegetarische Zutaten aus und erleben mit, wie daraus zusammen mit gebratenem Naan, Currys und Biryani-Dishes vor ihren Augen ein köstliches Gericht zubereitet wird. Die Bar des IZ bietet zudem 40 verschiedene Whisky-Sorten.

Im Grand Hyatt Dubai, Riyadh St./Ecke Sheikh Rashid Road, T 317 22 22, Bus 61, 66, tgl. 12.30–15 und 19–23 Uhr, €€€

Konichiwa!

Sushi Karte 2, U 6

Das japanische Restaurant überzeugt durch seine leichte, frische Küche mit dem Duft von Zitronengras und Limone.

Mobile Food Trucks finden sich bevorzugt an den Zugangsstraßen der öffentlichen Strände und Strandanlagen; sie bieten eine breite Auswahl an Speisen und vor allem: Es gibt auch immer gekühlte Getränke.

Größte Auswahl an Sushi-Variationen und asiatischen grünen Tees. Sehr empfehlenswert!
Im Grand Hyatt Dubai, Riyadh St./Ecke Sheikh Rashid Road, T 317 22 22, Bus 61, 66, tgl. 12–15 und 19–24 Uhr, €€€

GOURMET-LOKALE

Italia magnifica
Armani Amal Karte 2, S 5
Armani im Armani – der berühmte Modepapst hat in seinem Hotel ein sehr stilvolles italienisches Restaurant eröffnet, in dem die Klassiker der italienischen Küche dank der hochwertigen Zutaten besonders hervorragend schmecken. Für Liebhaber des italienischen Geschmacks ein Muss, auch wenn es nicht ganz billig ist.
Armani Hotel im Burj Khalifa, Lobby Level, T 88 88 38 88, Metro Red Line, Station Burj Khalifa, tgl. 19–23 Uhr, €€€

Hip & chic
101 Dining Lounge & Bar
Karte 3, K 3
Das elegant-sportliche Hafenrestaurant schmiegt sich an den Anlegesteg des privaten Hoteljachthafens und garantiert beste Aussicht auf The Palm Jumeirah und die Skyline der Dubai Marina. Der Küchenchef Yannick Alleño nennt drei Michelin-Sterne sein Eigen und sorgt dafür, dass aus der Küche des Resorts beste mediterrane Küche auf die Teller kommt. Besonders zu empfehlen: Die Meeresfrüchte-Platte oder der Signature Oktopus vom Josper Grill. Die Gäste erwartet ein gastronomisch garantiert unvergesslicher Abend!
Im One & Only The Palm ((► S. 89)), zu erreichen per Boot oder über den Western Crescent der Palm Jumeirah an dessen Ende, T 440 10 30, tgl. 12–1 Uhr (Dresscode: Nach 18 Uhr für Herren lange Hosen!), €€€

Ambiente mit Ausblick
Sal Karte 2, N 3
Küche aus dem südlichen Mittelmeerraum genießt man hier in lockerer Atmosphäre, in einem hellem, von Licht durchflutetem Pavillon auf der Terrasse zu Füßen des Burj Al Arab, sehr gute Fischgerichte plus freier Blick auf den Golf.
Im Burj Al Arab (► S. 66), King Salman bin Abdulaziz Al Saud St., T 432 32 32, tgl.12–16.30 und 19–22.30 Uhr, €€€

V VEGETARISCH

Als Vegetarier müssen Sie keinen Bogen um das Emirat Dubai machen. Denn vegetarische, vereinzelt auch vegane Speiseangebote gibt es in allen indischen Restaurants. Von denen gibt es wegen der vielen Expatriates aus dem Subkontinent sehr viele, sowohl einfache als auch sehr ausgefallene, die alles wunschgemäß und aufwendig zubereiten. Auch zum Frühstück finden Sie in den Hotels an den üppigen Buffets immer eine breite Auswahl vegetarischer Angebote.

Draußen im Meer

Pierchic Karte 2, M 3

Nur über einen 250 m langen Holzpier ist das Fischrestaurant mit viel Atmosphäre zu erreichen, ein luftiger, meerumspülter Holzpavillon auf Stelzen weit draußen im Meer. Die Gäste sitzen in einem eleganten Bootshaus, auf Veranden unter Sonnenschirmen bzw. abends unterm Sternenhimmel und genießen einen traumhaften Blick auf den alles überragenden Burj Al Arab. Es empfiehlt sich, einige Tage im Voraus zu reservieren!

Im Hotel Al Quasr Madinat Jumeirah (► S. 88), King Salman bin Abdulaziz Al Saud St., T 366 88 88, Jumeirah Road, tgl. 12.30–15 und 18.30–23.30 Uhr, €€€

Mehr als nur Couscous

Tagine Karte 3, K 3

Die marokkanische Küchenchefin Naima und ihre Besuche an den Tischen dieses edlen, liebevoll traditionell eingerichteten Restaurants unterstreichen die kulinarische Zufriedenheit, die sich unter den Gästen bei den köstlichen Vorspeisen und den geschmackvollen Hauptgerichten bei leiser Tafelmusik einstellt. Vegetarische Optionen werden auf Wunsch zubereitet. Ein bereichernder abendlicher Ausflug in den Orient!

Im One & Only Royal Mirage (► S. 88), King Salman bin Abdulaziz Al Saud St., Di–So 19–24 Uhr, €€€

Auf einen Drink ins Pierchic und dabei die traumhafte Silhouette mit Blick übers Meer auf den Burj Al Arab genießen

»Do buy!«

Diese Aufforderung scheint bei dem Namen der Stadt Dubai phonetisch Pate gestanden zu haben. Denn in keiner anderen Stadt am Golf dreht sich heute das Leben derart um's Einkaufen, auch, weil bei den Emirati Konsumwünsche und Kaufkraft nicht unüberbrückbar auseinanderklaffen.

Das Shopping-Eldorado hat viele Gesichter. Dazu gehören neben den Shopping Malls auch die traditionellen Souqs – und auf dem Flughafen einer der bestsortierten Dutyfree Shops.

Dubai besitzt zwei traditionelle **Souqs,** einen im Stadtteil Bur Dubai und einen größeren in Deira, zu diesem gehört auch der Gewürz- und Goldsouq (▸ S. 45). Von der Creek-Mündung entlang der Corniche Road in Richtung Sharjah liegt der Waterfront Market, zu dem auch Dubais großer **Fischmarkt** gehört. Hier treffen Sie die *locals.* Direkt daneben liegt der **Obst- und Gemüsemarkt.** Einen eigenen Teppichsouq gibt es in Dubai nicht mehr, aber einen **Teppichbasar** am Baniyas Square. Von Atmosphäre und Namen gehören die neuen Ladengassen des Souq Madinat Jumeirah draußen im Stadtteil Al Sufouh ebenso zu den Souqs wie der neue Souq Al Bahar im Schatten des Burj Khalifa.

Harrods in London, Bloomingdale's in New York, die Galleries Lafayette in Paris, das KaDeWe in Berlin – sie alle werden übertroffen von den gigantischen Einkaufstempeln in Dubai, die nach US-amerikanischem Vorbild **Malls** genannt werden.

SCHAU MALL!

Für die einheimische Bevölkerung entwickelten sich die **Malls** in den letzten zwei Jahrzehnten zu neuen Zentren gesellschaftlichen Lebens, insbesondere auch wegen ihren vielen **Cafés, Restaurants** und ausgefallenen **Unterhaltungsangeboten.** Wer als touristischer Besucher ein Faible für renommierte Weltmarkenartikel hat, ist in diesen klimatisierten Konsumpalästen am rechten Ort. Wer der Mittagshitze entfliehen oder saubere Toiletten kostenlos aufsuchen möchte, ebenfalls.

Mall of the Emirates

Warum denn widerstehen?

SOUQS UND MÄRKTE

Abwechslung total
Souq im Madinat Jumeirah
Karte 2, N 4
Zur der Hotelanlage Madinat Jumeirah gehört ein eigener, von den Hotels abgetrennter, sehr großer Einkaufsbereich mit viel Atmosphäre. Ganz im Stil eines traditionellen Souq mit engen überdachten Gassen werden hier in ca. 200 dicht gedrängten Ladennischen ansprechende Kunstgegenstände, viel Malerei und künstlerische Fotos, aber auch sportliche Bekleidung und Schmuck angeboten. Dazwischen laden Cafés und kleine Bistros zum Verweilen ein.
King Salman bin Abdulaziz Al Saud St., Bus 8, 88, tgl. 10–22 Uhr

Kunsthandwerk
Souq Al Bahar Karte 2, S 5
Gegenüber dem Burj Khalifa befindet sich der neue, ganz im Stil eines traditionellen Souq erbaute Souq Al Bahar, der sich bestens in das Gebäudeensemble von Downtown Dubai einpasst und in dessen etwa 50 Läden arabisch-orientalisches Kunsthandwerk und Teppiche angeboten werden.
Metro Red Line, Station Burj Khalifa, tgl. 10–23 Uhr

Nicht von Fischers Fritz
Fischmarkt im Waterfront Market Karte 2, X 4
2017 ist der große städtische Fischmarkt umgezogen und befindet sich jetzt im Waterfront Market, einer neuen gigantischen Markthallenanlage, in der auch frisches Obst und frisches Fleisch angeboten werden. Doch die eigentliche Attraktion des Waterfront Market ist der Fischmarkt. Auf ca. 100 dekorativ gestalteten Theken wird die fangfrische Ware auf Eis liegend angeboten. Da es immer ganze Fische sind, lernen Sie die erstaunliche Vielfalt des Fischreichtums vor der örtlichen Küste kennen. Nach dem Kauf können Sie die Fische vor Ort entschuppen, ausnehmen und filetieren lassen. Wie und wo? In einer Ecke des Fishmarket sitzen etwa zehn Expatriates aus Sri Lanka und Indien nebeneinander, die diese Arbeit mit großem Geschick und faszinierender Schnelligkeit erledigen.
An der Corniche, Al Hamriya Port, tgl. außer Fr von Sonnenaufgang bis in die Nacht

Paradiesisch
Obst- und Gemüsemarkt X 4
Direkt neben dem Fischmarkt befindet sich im Waterfront Market ein großer Obst- und Gemüsemarkt. Da die Nachfrage der Emirati nach Früchten besonders groß ist, werden hier neben den üblichen Gemüsearten auch alle nur erdenklichen Obstsorten, insbesondere auch viele exotische, angeboten. Der Markt ist nicht nur ein optisches Erlebnis, es duftet hier – im Gegensatz zum benachbarten Fischmarkt – herrlich bis in den letzten Winkel. Die Emirati kaufen überwiegend ihr Obst kistenweise. Lassen Sie sich davon nicht beeindrucken: Die Händler wiegen selbstverständlich für Sie auch kleine Portionen ab!
Vegetable Market, im Waterfront Market, s. o.

Echte Perser
Teppiche W 4
Das häusliche Leben der Emirati ist ohne Teppiche nicht denkbar. Deshalb ist die Nachfrage nicht unerheblich, und die klassischen Herkunftsländer Iran, Afghanistan und Pakistan liegen nicht weit entfernt. Ursprünglich gab es einen eigenen Teppichsouq, aber mit dem Wert seiner Waren verlagerte sich das Sortiment in ein modernes Hochhaus in direkter Nähe. Heute überbieten sich in den Deira Towers direkt am Creek mehr als 40 Läden in Auswahl und Qualität orientalischer Webkunst.
Baniyas Square, drei Stockwerke im rechten Deira Tower, Metro Green Line, Station Union Square, So–Do 11–22, Fr 14–22 Uhr

SHOPPING MALLS

Shopping-Kitzel
Mall of the Emirates Karte 2, M 5
Unter den mehr als drei Dutzend sehr großen Shopping Malls der Stadt

> **M**
> MALL
>
> Je neuer die Mall, um so größer ist sie und um so mehr verschieben sich die Grenzen zwischen **Einkaufstempel** und **Erlebnispark.** Shuttlebusse der Hotels bringen sogar ihre Gäste zu ihnen. Welch große ökonomische Bedeutung sie haben, kann man daran ermessen, dass von allen Einkäufen der ca. 18 Mio. Touristen pro Jahr mehr als 60 % in den Shopping Malls getätigt werden. Um angereisten Besuchern das Einkaufen zu erleichtern, gibt es bereits Hotels direkt in den Shopping Malls.

gehört die Mall of the Emirates zu den interessantesten, denn sie beherbergt außer Läden und Restaurants als einzige auch eine Skipiste und ein Luxus-Hotel. Seit sie über einen direkten Metro-Anschluss verfügt, ist sie die meistbesuchte Mall Dubais. In Anzeigen warb sie vor ihrer Eröffnung mit dem Slogan: »Ihre Schwierigkeit wird darin bestehen, einen Grund zum Gehen zu finden.« Dass dann in den ersten drei Monaten bereits 5 Mio. Besucher gezählt wurden, übertraf aber doch alle Erwartungen. Die Mall of the Emirates war bis 2008 die größte der Arabischen Halbinsel. Zurzeit ist sie nur noch die zweitgrößte in Dubai, denn sie wird flächenmäßig von der 2009 eröffneten Dubai Mall (s. u.) um wenige Dutzend Quadratmeter übertroffen. Zwar sind ihr Kerngeschäft die 466 Läden mit über 100 Nobelmarken, aber ihr Unterhaltungsangebot lockt nicht minder die Besucher an. Denn in die Mall integriert sind ein Ski-Dom und ein ultraschickes Kempinski-Hotel, Filmfreaks kommen in 14 Kinos auf ihre Kosten, und mehr als 70 Cafés, Snackbars und Restaurants, darunter auch mehrere mit Blick auf die Skipiste, sind nicht ohne Fazination für viele Besucher. Deshalb gestalten viele ihren Aufenthalt in der Mall of the Emirates bereits als Ganztagesausflug. Und manche bleiben sogar länger – dank des schönen Kempinski Hotels.

Mall of the Emirates, Sheikh Zayed Road, www.malloftheemirates.com, Metro Red Line, Station Mall of the Emirates, tgl. 10–24 Uhr

Die Größte

The Dubai Mall Karte 2, S 5

Sie ist zur Zeit die größte Mall in Dubai und eine der großen Attraktionen im Emirat, denn sie bietet Ihren Besuchern auch das größte Einkaufsangebot im Emirat. Hinzu kommen als Unterhaltungselemente ein gigantisches Aquarium, eine Eisbahn von olympischen Ausmaßen und ihre Lage zu Füßen des Burj Khalifa mit seinen Dancing Fountains (► S. 57).

Sheikh Zayed Road, www.thedubaimall.com, Metro Red Line, Station Burj Khalifa, So–Do 10–24, Fr und Sa 10–1 Uhr

Aus aller Welt

Ibn Battuta Mall Karte 3, G 4

Sie ist die konzeptionell anspruchsvollste unter den Shopping Malls und durch ihre Struktur sehr beeindruckend. Aber sie ist zugleich die am weitesten von der Innenstadt entfernte. Die Ibn Battuta Mall trägt den Namen des berühmtesten arabischen Forschungsreisenden des Mittelalters, der 28 Jahre seines Lebens auf Reisen war, und ist in sechs *courts* unterteilt, deren Namen an die wichtigsten Aufenthaltsorte Ibn Battutas (1304–68) erinnern und zu einer Shopping-Weltreise einladen: China (Unterhaltungsangebote, das größte IMAX-Kino im Emirat), Indien (Designermode), Persien (Lifestyle), Ägypten (Sport- und Spielzeugtrends), Tunesien (Foodcourt und Supermarkt), Andalusien (Serviceläden, z. B. Bank, Reinigung, Schuster). Im Persian Court befinden sich ein Informationsstand des Department of Tourism (DTCM), im China Court das Internetcafé El Mondo und eine Dependance des herausragenden Lime Tree Café (► S. 91).

Sheikh Zayed Road, www.ibnbattutamall.com, Metro Red Line, Station Ibn Battuta, So–Mi 10–22, Do–Sa 10–24 Uhr

Kaufhaus-Sortiment

BurJuman Centre V 5

Das BurJuman Centre gehört zu den traditionsreichen Malls und hat in Dubai den größten Standortvorteil: Es liegt an der Kreuzung der beiden Metro-Linien. Einst die herausragende Mode-Mall Dubais mit allen edlen Marken ist es heute ein Kaufhaus mit breitem Sortiment. Hier bekommt man nahezu alles und in einer Ecke im ersten Stock bei Victorias Secret sogar in einer kleinen Abteilung für intimen Luxus, z. B. ausgefallenste Dessous und Erotikartikel wie Peitschen mit vergoldetem Handgriff und brilliantbesetzte Handschellen.

Trade Centre Road/Ecke Khalid Bin Al Waleed Road, Bur Dubai, Tiefgarage mit 1200 Stellplätzen, www.burjuman.com, Metro Red Line, Station BurJuman Center, Sa–Mi 10–22, Do/Fr 10–23 Uhr

SCHMUCK

Unikate

Liali Karte 2, S 5

Die meisten Besucher kaufen Schmuck im Goldsouq – dafür werden sie ihre Gründe haben. Wenn Sie aber lieber ein ausgefallenes arabisch-orientalisches Designer-Stück erwerben möchten, sollten Sie Liali einen Besuch abstatten. Hier gibt es Unikate aus Gold und Silber nach alten Vorlagen, aber auch in modernem Design.

In der Dubai Mall, www.lialijewellery.com, Metro Red Line, Station Burj Khalifa, So–Do 10–24, Fr und Sa 10–1 Uhr

KUNST

Arbeiten junger einheimischer Künstler finden Sie etwa auf der Kunstmesse **Art Dubai** (► S. 11, Termin ► Kalender in der Umschlagklappe vorn), in den Galerien im neuen **Dubai International Financial Center** (DIFC, Sheikh Zayed Road) und im Kunstzentrum Alserkal Avenue im Stadtteil **Al Quoz** (► S. 82). Wer bei seinem Dubai-Besuch am Kauf von Bildern und Objekten lebender einheimischer Künstler interessiert ist, sollte in der Galerie XVA (► S. 29) nachfragen bzw. die dortigen Vernissagen besuchen.

Shoppingpause vor dem gigantischen Aquarium in der Dubai Mall

Kunst vom Feinsten

The Farjam Collection Karte 2, T 5

Die iranische Familie Farjam sammelt seit mehreren Generationen und verfügt heute über eine der schönsten privaten Kunstsammlungen der Welt, aus der sie auch immer Stücke verkauft, um neue erwerben. Schwerpunkte sind islamische Kunst und Werke zeitgenössischer iranischer und arabischer Künstler.

Im Dubai International Financial Centre (DIFC), Sheikh Zayed Road, Gate Village 4, T 323 03 03, www.farjamcollection.org, Metro Red Line, Station DIFC, So–Do 10–20, Eintritt frei

ANTIQUITÄTEN

Das Antiquitäten-Angebot in Dubai ist relativ klein, Antiquitätenläden mit gut sortierten beduinischen Fundstücken gibt es nicht. Zu schnell haben sich die Dubai'in beim Aufbruch in die Moderne von Gegenständen der Alltagskultur getrennt. Wenn Sie intensiv suchen, finden Sie mitunter noch einzelne Stücke beduinischer Herkunft, z. B. einen alten, eisernen Kaffeeröster, einen benutzten

Kamelsattel, einen Krummdolch *(khanjar)* oder eine Auswahl an arabischem Schmuck und hölzernen Truhen, Türen und Teppiche. Zu stöbern lohnt es sich etwa im Bur Dubai Souq (▶ S. 45), in den ›Antiques Shops‹ der großen Malls (▶ S. 99) oder bei Art & Craft, Al Quoz, Al Asayel St., Road No 318, T 347 06 56, tgl. 9–21 Uhr.

SCHNÄPPCHEN

Schnell und günstig
Duty Free Shop (DFS)
Karte 2, W 7
Weil er so herausragend in Angebot und Sortiment und zudem weltweit auch einer der größten unter den Duty Free Shops der Flughäfen ist, hat der Duty Free Shop Dubai (DFS) bereits mehrere internationale Auszeichnungen gewonnen. Außer den in Duty Free Shops üblichen Zigaretten, Alkohol und Parfum

Schoko aus Kamelmilch

VORSCHLÄGE FÜR SOUVENIRS

Perlen, die an die Tradition der Perlentaucher am Golf erinnern, auch wenn sie aus Fernost stammen, Golfbälle mit der Prägung der renommierten Golfclubs, Weihrauch oder **Gewürze** vom Gewürzsouq, Mousepads für den PC in der Form eines fliegenden Teppichs, **Gold** (als Schmuck oder Münzen aus dem Goldsouq), alte Kaffeekannen aus Messing, traditioneller südarabischer **Beduinenschmuck,** Datteln aus Al Ain und **Dattel-›Champagner‹** der Firma Bateel, Künstlerfotos mit ausgefallenen Dubai-Motiven aus dem Souq Madinat Jumeirah, Schokolade oder Schoko-Kamele (vergleichbar mit unseren Schoko-Osterhasen) aus Kamelmilch. Für Kinder: ein **Plüschkamel,** fürs interkulturelle Lernen: eine *fulla*, eine arabische Barbie-Puppe mit schwarzer *abaya*. Wenn Sie von Souvenirs nichts halten: Kosmetika oder einen teuren (aber dort ca. 40 % billigeren) Federhalter aus dem Duty Free Shop, einen **Gutschein für eine Tankfüllung** aus dem Land des Öls.

finden Sie in Dubai zudem noch Bücher, Computer-Software, Elektrogeräte, Feuerzeuge, Fotoapparate, Herren- und Damenbekleidung, Kristall, Leder- und Schreibwaren, Sonnenbrillen, Souvenirs, Sportausrüstung, Uhren und Unterhaltungselektronik. In einer Food-Plus-Abteilung gibt es Körperpflege-Artikel, Haushaltswaren und sogar Kaviar – und natürlich auch Schmuck und Gold.
Die sehr teuren Autos, die Sie im DFS sehen, sind nicht zu kaufen, sondern zu gewinnen. Ein Los kostet 500 AED. Immer wenn 1000 Lose verkauft sind, wird ein Gewinner ermittelt. Bei einer Harley Davidson kostet das Los nur 100 AED.
www.dubaidutyfree.com, Metro Red Line, Station Airport Terminal

›Markenartikel‹ zu Spottpreisen

Karama Karte 2, U 5

Bei Karama handelt es sich nicht um einen Laden, sondern um ein ganzes Viertel im Stadtteil Bur Dubai, und jeder Taxifahrer kennt es. Denn hier werden preiswerte Konsumgüter aller Art und vor allem unvergleichlich billige ›Markenartikel‹ angeboten. In den bis unter die Decke vollgestopften kleinen Läden finden Sie Mode, auf deren eingenähten Etiketten kein Designername von Rang ausgelassen wird. Hier sind ›echte‹ Louis-Vuitton-Handtaschen für nur etwa 100 AED zu haben, für einen ›echten‹ Boss-Anzug zahlen Sie nicht einmal 150 AED – und die dazu passende ›echte‹ Rolex gibt es für 200 AED gleich dazu. Nie würde der Verkäufer zugeben, dass es sich um *fakes* handelt, zumal der Käufer das ja auch eigentlich nicht wissen möchte. Aber Vorsicht bei teuren Marken (z. B. Rolex-Uhren) beim heimischen Zoll!

Metro Red Line, Station Karama

Keine Fakes

Dubai Outlet Mall

Karte 2, außerhalb R 9

Wenn Sie die international renommierten *brands* bevorzugen und bereit sind, Markenartikel mit kleinen Fehlern in Kauf zu nehmen, werden Sie vor den Toren der Stadt fündig. Weit draußen vor den Toren der Stadt liegt an der vierspurigen Autobahn nach Al Ain die große Dubai Outlet Mall. Hier finden Schnäppchenjäger alles, was das Herz begehrt: Kleidung, Accessoires, Haushaltsgegenstände, Elektronik etc., aber auch noch Billigeres von nicht bekannten Marken. Bei den Markenartikeln handelt es sich zwar nicht um *fakes*, allerdings steht sehr oft »Made in China« drauf.

An der E66 Richtung Al Ain, T 423 46 66, www.dubaioutletmall.com, Bus 66, 67, Sa–Mi 10–22, Do/Fr 10–24 Uhr

Bella Italia

Mercato Mall Karte 2, S 4

Sie gehört zu den kleineren Malls in der Stadt und nahm sich einen italienischen Marktplatz zum Vorbild. Ein Glashimmel überdacht pastellfarbene Ladenhäuser, die Riviera-Stimmung und Cappuccino-Atmosphäre aufkommen lassen. Mode von Balmain, Gant oder Massimo Dutti wartet auf ihre Kundschaft. Sehr angenehm sind das Lebensmittel- und Früchteangebot von Spinney's im Parterre des Mercato und das äußerst hilfsbereite Personal im Eingang.

Jumeirah Beach Road, www.mercatoshoppingmall.com, Bus 8, 88, So–Do 10–22, Fr und Sa 10–24 Uhr, Spinney's Supermarket 8–24 Uhr

EIN BESONDERES EINKAUFSEREIGNIS

Vor mehr als 25 Jahren startete das erste **Dubai Shopping Festival** (DSF), ein einmonatiger Einkaufs-Marathon, an dem sich die meisten Geschäfte, alle Malls und die örtliche Hotellerie beteiligen. Das Festival im Dez./Jan. trägt dem Emirat nicht nur jährlich einen Gesamtumsatz von mehreren Millionen US-$ ein, sondern bietet Emirati und Besuchern gleichzeitig auch Unterhaltung für die ganze Familie und ein reichhaltiges kulturelles Beiprogramm. Dubai wandelt sich in dieser Zeit in eine große Bühne und zeigt sich des Abends mit Lichterketten und Feuerwerk von seiner eindrucksvollsten Seite. Es herrscht Schlussverkaufsstimmung und Straßenfestatmosphäre. Zudem treten während des Festivals internationale Künstler auf, gastieren große Orchester und finden originelle Sportveranstaltungen statt. Der Termin des DSF wird immer im September bekannt gegeben. Ein kostenloser, 150 Seiten starker »DSF Guide« informiert detailliert über alle Ereignisse während des Festivals, nennt Eintrittspreise der Veranstaltungen und Zuständigkeiten.

Informationen: https://www.visitdubaishoppingfestival.com/dsf-dates

Gute Unterhaltung!

Dubai gehört (noch) nicht zu den Städten, die für ihr Nachtleben berühmt sind. Doch ist bereits heute das abendliche Unterhaltungsangebot so abwechslungsreich, dass Sie den Tag nicht mit dem Abendessen beenden müssen.

Attraktive Abendunterhaltung findet in Dubai immer in oder im Umfeld der großen Hotels statt. Denn nur dort ist Alkoholausschank gestattet, und hier wohnt und verkehrt auch das internationale Publikum, das sich in der abendlichen Unterhaltungsszene zwangloser bewegt und zu jener anregenden Atmosphäre beiträgt, die gute Locations auszeichnet.

Hauptausgehabend ist der Donnerstag. Dann sind viele Expatriates wegen des arbeitsfreien Freitags lange auf den Beinen, in Bars und Diskotheken gibt es dann Livemusik, und gute Plätze sind Mangelware.

Da Lounges, Bars und Diskotheken in Dubai Wert darauf legen, nicht nur von Männern besucht zu werden, haben sie an einem Tag der Woche die mittlerweile sehr beliebten **Ladies' Nights** eingeführt und bieten Frauen dann freien Eintritt und kostenlose Getränke an.

In den Wintermonaten gastieren in der Arena der Dubai Media City internationale Musikstars aus aller Welt. Der Besuch solcher Veranstaltungen ist in Dubai günstiger als bei ähnlichen Konzerten in Deutschland.

Pariser Chic und asiatische Küche in der Buddha Bar

WAS UND WO?

Einen aktuellen Überblick über das Ausgeh- und Unterhaltungsangebot gewinnen Sie in den monatlich erscheinenden Magazinen, die in Hotels ausliegen oder in Buchläden angeboten werden. Sie informieren auch über die jeweiligen Wochentage der Ladies'-Night-Angebote. Die Internetausgaben dieser Magazine können Sie auf Ihr Smartphone herunterladen.

What's On
https://whatson.ae

Time out Dubai
www.timeoutdubai.com

Concierge
www.myconcierge.com

COCKTAIL- UND WEINBARS

Entspannung
Noir Karte 2, M 5
1897 eröffnete Lorenz Adlon das erste Kempinski-Hotel. Deshalb hieß die Bar im Kempinski Hotel Mall of the Emirates bis vor kurzem »1897«. Seit ihrem pompösen Umbau heißt sie jetzt »Noir« und gehört mit ihrer Außenterrasse zu den beliebtesten der Stadt. Jeden Do genießen Damen ein besonderes Angebot. Das Noir ist außerdem eine der wenigen Bars mit einer eigenen Zigarren-Lounge.
Im Kempinski Hotel, Sheikh Zayed Road, Interchange 4, Jumeirah, T 409 52 22, Metro Red Line, Station Mall of the Emirates, Di–So 17–2 Uhr

Ausblick und Cocktails
Bar 44 Karte 3, J 4
Die Champagner- und Cocktail-Bar hoch über dem Jumeirah Beach mit einem traumhaften Blick über die Dubai Marina. Eingerichtet im Manhattan-Dekor, viel Kerzenlicht, sehr bequeme Sessel, jeden Abend Livemusik am Klavier.
Im Grosvenor House, Dubai Marina, Metro Red Line, Station Dubai Marina, T 317 60 00, So–Do 18–1, Fr, Sa 18–2 Uhr

Jazz und Blues
Blue Bar Karte 2, T 5
Die erste und bisher unübertroffene Jazz- und Blues-Bar Dubais, sehr gemütlich, belgisches Bier, Do Livemusik.
Im Novotel, International Exhibition & Convention Centre, Al Mustaqbal St., T 332 00 00, Metro Red Line, Station Emirates Towers, tgl. 15–2 Uhr, Do Livemusik ab 21.30 Uhr

Kaum zu übertreffen
Buddha Bar Karte 3, J 4
Wer das Original in Paris kennt, weiß, dass die Buddha Bar keine Bar, sondern ein Restaurant ist. Aber ein ganz besonderes: mit Musik, einer stilvollen langen Bar-Theke und mehreren Lounges. Asiatischer Dekor mit vielen Drachen- und Buddhastatuen und hervorragende vietnamesische, chinesische und japanische Küche, in Dubai angereichert mit arabi-

COCKTAIL ODER MOCKTAIL?

Auf den Getränkekarten der Bars sind alle gängigen Cocktails zu finden. Die Bartender kommen meist aus Europa und sind versierte Spezialisten des Mixens. Die Grundsubstanz ihrer Cocktails sind immer Alkoholika.
Gläubige Muslime trinken keinen Alkohol, und wenn Sie nach einem Barbesuch in Dubai noch am Steuer zurück zu Ihrer Unterkunft möchten, sollten Sie es wegen der Nullpromille-Grenze auch nicht tun. Deshalb gibt es in Bars auch immer alkoholfreie, cocktailähnliche Mixgetränke. Sie heißen Mocktails, tragen – wie ihre alkoholischen Verwandten – ebenfalls verlockende Namen, verursachen aber keinen Brummschädel. Meist werden Mocktails aus frischem Sirup unterschiedlicher Früchte, in Schichten durch gecrushtes Eis getrennt, als farblich abgestimmtes Kunstwerk gereicht. Mocktails sehen nicht nur gut aus, sie schmecken auch gut.

schen Zutaten. Einfühlsame DJ-Musik, Tanzmöglichkeiten, außerdem Mi–Fr ab 22 Uhr akrobatische Live-Unterhaltung; ein beliebter Nightlife-Hotspot in Dubai.
Im Grosvenor House, Dubai Marina, Metro Red Line, Station Dubai Marina, T 317 60 00, So–Do 19–1, Fr, Sa 19–2 Uhr, Dress Code: Smart, €€

KINO

Filme sind als Unterhaltungsmedium am Golf sehr beliebt. Alle neuen Shopping Malls verfügen über mehrere Kinos, die **Ibn Battuta Mall** (Karte 3, G 4), die **Deira City Centre Mall** (Karte 2, W 6), die **Dubai Mall** (Karte 2, S 5) oder die **Dubai Marina Mall** (Karte 3, J 4). Eintrittspreise ab 50 AED.

Galleria Cinema W 4
In der Galerie des Hyatt Regency, T 273 76 76; beliebt für neueste Bollywood-Produktionen.

Movies under the Stars
Karte 2, U 6
Sonntagabendkino auf dem Dachgarten der Wafi Mall mit US-amerikanischen Klassikern im O-Ton.

Beliebt nach Feierabend

Cin Cin Karte 2, T 5
Ein solcher Treff hat in Dubai lange gefehlt. Expatriates verabreden sich hier nach Dienstschluss zu einem Glas Wein und Canapés bei dezenter Musik. In der Bar gibt es auch Bier und Softdrinks. Mit Glück kann man hier auch einmal Hugh Grant begegnen.
Im Fairmont Dubai, Sheikh Zayed Road, T 332 55 55, Metro Red Line, Station World Trade Center, tgl. 18–2 Uhr

Summer Feeling

Ikandy Karte 2, S 5
Der schönste Teil der Terrasse, auf der sich tagsüber die Gäste unter Palmen am Schwimmbecken sonnen, wandelt sich am späten Nachmittag zu einer Open Air Lounge. Die zentrale Lage im Herzen Dubais, der azurblau schimmernde Pool (Baden ist abends nicht gestattet!), die leichte Brise, der Blick auf den Burj Khalifa, die einfühlsame Auswahl der Musik, die lange Liste der Cocktails und das gedämpfte Kerzenlicht – das alles macht das Ikandy zum idealen Treff vor oder nach dem Abendessen. Und wenn am späten Abend der DJ die heißeren Beats auflegt, wandelt sich die Lounge zu einem Chill-out-Laser-Spot.
Cocktail Lounge im Shangri La, Sheikh Zayed Road, T 405 27 03, Metro Red Line, Station DIFC, tgl. 18–2 Uhr

Meeresrauschen

The Jetty Lounge Karte 3, K 3/4
Sitzen Sie direkt am Strand unter Palmen und aufgespannten Segeln, spüren Sie den Sand unter den Füßen und lassen sich von der Skyline der Dubai Marina und der Palm Jumeirah faszinieren. Ibiza-Feeling pur dank des Plätscherns der Wellen, der leichten Brise und der stimmungsvollen Musik. Sie können auch mit einem Jetty zum One & Only The Palm übersetzen (► S. 89).
Am Strand des One & Only Royal Mirage, T 399 99 99, Tram, Station Palm Jumeirah, tgl. 14–2 Uhr

Atmosphäre mit Meerblick

Barasti Beach Bar Karte 3, K 3
Einer der beliebtesten Ausgeh-Spots, direkt am Meer, Tanzfläche ist der Strand; viele aufregende Events und internationales Publikum, Karibik Flair.
Im Le Meridien Mina Seyahi, T 318 13 13, www.barastibeach.com, Sa–Mi 10–1.30, Do, Fr 10–3 Uhr, Do–So ab 21 Uhr Livemusik, €€

Treffen im Eis

Chillout Karte 2, O 5
Sie ist im wahrsten Sinne »*the coolest lounge in the Middle East*«. Denn alles in der Bar ist aus kristallklarem Eis: Gläser, Tische und Bänke, die Theke, ›Kristall‹-Leuchter, Blumenvasen, Bilder, die Kamelskulpturen und die Skyline von Dubai, nur die Eisbär-Felle nicht, auf denen die Gäste sitzen. Stimmung bei minus 6 °C. Serviert werden Sandwiches, Salate und Getränke. Empfeh-

Dubai ›on the rocks‹ erleben Sie im Chillout.

lenswert sind die Cocktails ›Lawrence of Arabia‹ (35 AED) oder der ›Chill-out‹-Mix (25 AED). Sie werden in einem Vorraum von freundlichem Personal (kälteerfahrene kasachische Expatriates) mit Designerparka, Handschuhen und Moonboots – alles in Schwarz – ausgestattet. Es dürfen nur 45 Gäste in die Lounge, denn der Atem von mehr Besuchern würde das Eis zum Schmelzen bringen.
In der Times Square Mall, Sheikh Zayed Road, zwischen Interchange 3 und 4, T 341 81 21, chilloutindubai.com, Metro Red Line, Station Noor Bank, Sa–Mi 10–22, Do u. Fr 10–24 Uhr, Eintritt inkl. einem Getränk 80 AED, Kinder 40 AED

DISKOTHEKEN

Ganz Dubai zu Füßen
Vault Karte 2, R 5
Im 72. Stock eines Design-Hotelturms, unübertroffene Aussicht bei hervorragenden Cocktails und DJ-Musik (ab 22 Uhr).
Im Hotel JW Marriott Marquis, (Adresse ►S. 88), T 414 30 00, tgl. 17–2, Sa bis 3 Uhr, viel besucht, Reservierung empfehlenswert, €€

Den Burj al Arab als Zugabe
Uptown Bar Karte 2, N 4
Hippe Bar mit großzügiger Außenterrasse, inklusive atemraubendem Blick auf das Meer, den Strand und den Burj Al Arab, leichte Snacks und sehr gute Cocktails, DJ-Musik ab 22 Uhr.
Im Jumeirah Beach Hotel, 24.Stock (► S. 66), T 432 32 32, tgl. 19–2 Uhr, €€€

SO GEHT DISKO

Eine ›Lounge‹ mit DJ- oder Livemusik inkl. Tanzmöglichkeit unterscheidet sich im muslimischen Dubai nur wenig von Diskotheken in Europa. Da beim Tanzen körperlicher Kontakt nicht auszuschließen und dieser im öffentlichen Raum als unschicklich gilt, werden Diskos in Dubai ausschließlich als private Clubs organisiert. Privatheit hat ihren Preis, d.h. sie kosten Eintritt (etwa 50–100 AED). Sie müssen Mitglied sein (als Gast des Hotels sind Sie es automatisch!). *Nationals* dürfen in ihrer traditionellen Kleidung keine Disko besuchen, deshalb sieht man dort nie Gäste in einer *dishdasha* oder *abaya*.
Die Türsteher vor den Club-Discos kennen ihre Clubmitglieder, Besucher sind aber jederzeit willkommen. Mit dem Erwerb der Eintrittskarte werden Sie automatisch Mitglieder des Clubs (Mindestalter 21 Jahre).

KONZERTE UND OPER

Dubai besitzt seit 2016 ein prächtiges Opernhaus, die **Dubai Opera** im Stadtteil Downtown Dubai, direkt neben dem Burj Khalifa (Karte 2, S 5). Seitdem haben klassische Musik und Oper auch im Emirat ein ständiges Zuhause. Aber Verdi oder Mozart werden im Wüstenstaat nicht von Musikern aus Dubai aufgeführt, sondern von großen ausländischen Gastspielorchestern mit internationalen Künstlern.

Die arabische Architektin Zaha Hadid (1950–2016) hatte bereits 2008 eine Oper entworfen. Im Sommer 2016 wurde mit einem Gastspiel von Placido Domingo das eindrucksvolle Gebäude aus Glas und Stahl in Form einer traditionellen Dhau eröffnet; entworfen hat diese Architektur-Ikone Dubais der Däne Janus Rostock.

Dubai Opera, Sheikh Mohammed bin Rashid Blvd, Downtown Dubai, T 440 88 88; www.dubaiopera.com; Metro Red Line, Station Business Bay. Preise ab 150 AED.

Tanti Auguri

Cavalli Club Karte 2, T 5

Der Mailänder Roberto Cavalli hat in Dubai einen Club eröffnet, in dem man zuvor hervorragend italienisch speisen kann, bevor ab 23 Uhr auf der Tanzfläche die Post abgeht. Dresscode: smart casual. Unbedingt reservieren!

Hotel Fairmont, Sheikh Zayed Road, tgl. 20–4 Uhr, Mo ist Ladies night, T 332 92 60, Metro Red Line, Station Emirates Towers; http://dubai.cavalliclub.com

ORIENTALISCHE LIVEMUSIK

Auf weichen Kissen unter Baldachinen im Garten oder im begrünten Innenhof sitzen, dazu aromatischer Tee oder arabischer Kaffee in stimmungsvoller Atmosphäre bei Mond- und Kerzenlicht, das sanfte Blubbern einer Wasserpfeife und im Hintergrund orientalische Musik, so berichten arabische Märchenerzähler aus vergangenen Zeiten vom Leben bei Hofe. Aber auch im heutigen Dubai können Sie eine solche Atmosphäre noch erleben.

Oasenhaft

The Palace Courtyard

Karte 3, K 3/4

Ein Traum von Orient, gute arabische Musik, große Auswahl an Tees und arabischem Kaffee; man sitzt in bequemen Sesseln unter Palmen.

Im One & Only Royal Mirage, King Salman bin Abdulaziz Al Saud St., T 399 99 99, Tram Station Palm Jumeirah, tgl. 17–2 Uhr

Orientalisches Märchen

Amaseena Karte 3, J 3

Eine Lounge aus einem halben Dutzend kleiner Zelte wie in einem orientalischen Märchen: arabisch-beduinisches Ambiente zwischen malerisch illuminierten Palmen unter funkelndem Sternenhimmel. Machen Sie es sich auf üppigen Kissen bequem, genießen Sie die kühle Brise, die vom Meer herüberweht – ein stimmungsvoller arabischer Abend à la 1001 Nacht ist garantiert.

In der weitläufigen Gartenanlage des Ritz Carlton, King Salman bin Abdulaziz Al Saud St., T 318 61 50, Tram, Station Jumeirah Beach Residences, Mitte Sept.–Mitte Mai T 399 40 00, tgl. 17–24 Uhr, Buffet 19–23 Uhr

REFUGIEN FÜR RAUCHER

Sie müssen in Deutschland lange suchen, bis Sie ein Hotel mit einem Zigarrensalon finden. In Dubai ist Zigarrerauchen – mit Vorliebe für teure kubanische Marken – noch immer ›in‹. Mehrere Luxushotels haben deshalb eigene Rauchsalons. Hier sind die *aficionados* guter Zigarren unter sich.

Infos über Dubais Zigarren Salons und ihre Adressen: https://promolover.com/dubai/outlets/most-popular/in-all-areas/sub_type-cigar-lounge

Hin & weg

ANKUNFT

… mit dem Flugzeug
Dubai liegt ca. 5000 km Luftlinie oder sechseinhalb Flugstunden von Deutschland entfernt. **Dubais International Airport (DXB)** (🕮 Karte 4, C 1), auf dem jährlich ca. 80 Mio. Passagiere abgefertigt werden, erhielt mehrere Auszeichnungen für seine hohe Qualität in den Bereichen Wetterdienst, Flugverkehrs- und Luftraumkontrolle.
Flughafeninformation: T 216 66 66, www.dubaiairports.ae
Auch Dubais Fluglinie Emirates Airlines wurde mehrfach preisgekrönt und gilt als eine der besten und sichersten der Welt. Die meisten Direktflüge von Deutschland aus bestreitet Emirates Airlines – je 2 x tgl. von Hamburg und Düsseldorf, 3 x tgl. von Frankfurt/Main und München. Aus der Schweiz fliegt Emirates 2 x tgl. von Zürich, aus Österreich 2 x tgl. von Wien. Für einen Direktflug zahlen Sie zwischen 450 und 600 €.
www.emirates.com
Die Fahrt vom Flughafen mit dem Taxi zu einem Hotel der Innenstadt dauert 10–15 Min. und kostet zwischen 60 und 90 AED (inkl. Grundgebühr von 25 AED), zu einem Hotel in Jumeirah kostet die ca. 30-minütige Fahrt ca. 150 AED.
Der weit draußen in Jumeirah liegende neue Flughafen **Dubai World Central (DWC)** (🕮 Karte 4, C 2) wird z. Zt. überwiegend von Fracht- und Chartergesellschaften angeflogen.

… mit dem Schiff
Im Kreuzfahrtterminal des stadtnahen Port Rashid legen Dutzende deutscher und internationaler Kreuzfahrtschiffe an. Per Frachtschiff ist eine Anreise ab Hamburg möglich:
Frachtschiff-Touristik Kapitän Zylmann, Mühlenstraße 2, 24376 Kappeln, T 046 42 965 50, www.zylmann.de

DIPLOMATISCHE VERTRETUNGEN

Deutsche Botschaft: Abu Dhabi, Abu Dhabi Mall, Towers at the Trade Centre, West Tower, 14. Stock, T 02 596 77 00, www.uae.diplo.de
Generalkonsulat der Bundesrepublik Deutschland: Dubai, Street 14 A, Jumeirah I (hinter dem alten Dubai Zoo), T 349 88 88, www.dubai.diplo.de, So–Mi 8–15,Do 8–13 Uhr
Botschaft der Republik Österreich: Abu Dhabi, Sky Tower, Office No. 507, Reem Island, T 02 694 49 99, www.

Neue Perspektive: Dubai aus der Metro

FEIERTAGE

Neben dem Neujahrstag 1. Januar und dem Nationalfeiertag sind in Dubai alle hohen islamische Feste staatliche Feiertage. Da das muslimische Jahr aufgrund des ihm zugrunde liegenden Mondkalenders nicht mit unserem Sonnenjahr identisch ist, sondern 11 Tage kürzer, verschieben sich die Termine der islamischen Feiertage von Jahr zu Jahr. Doch nicht nur das: Da nach dem Mondkalender jeder Monatsanfang vom ersten Erscheinen der Mondsichel nach Neumond bestimmt wird, können die Daten nur wenige Jahre im Voraus festgelegt werden. An den religiösen Feiertagen kleiden sich die muslimischen Einwohner besonders feierlich.
Die christlichen Feiertage Weihnachten oder Ostern spielen zwar keine Rolle im Arbeitsalltag, wohl aber für die Dekorationen der Schaufenster, das Warenangebot der Shopping Malls und vor allem für die Menüvariationen der Restaurants.
1. Jan.: New Years Day
Mawlid al Nabi: Geburtstag des Propheten 8. Okt. 2022; 27. Sept. 2023; 16. Sept. 2024; 5. Sept. 2025
Id al Fitr: Das Fest des Fastenbrechens wird am Ende des Ramadan drei Tage lang gefeiert.
22.–24. April 2023; 10.–12. April 2024; 30. März–1. April 2025
Id al Adha: Das große Opferfest im Zusammenhang mit der Pilgerfahrt nach Mekka dauert ebenfalls drei Tage. 28.–30. Juni 2023; 16.–18.Juni 2024; 5.–7. Juni 2025
Ras al Sana al Hijra: islamisches Neujahrfest, Beginn des islamischen Jahres im Gedenken an die Flucht des Propheten von Mekka nach Medina im Jahre 622
19. Juli 2023; 7. Juli 2024; 26.Juni 2025
2. Dez.: Nationalfeiertag, Gründung der VAE

aussenministerium.at/abudhabi
Schweizer Botschaft: Al Khaleej Al Arabi St.,Centro Capital Center Building, 17. Flur, gegenüber Rotana Centro Hotel, ADNEC/Exhibition Centre, T 02 627 46 36, www.eda.admin.ch/uae
Generalkonsulat der Schweiz: Dubai World Trade Center, T 329 09 99, dubai@eda.admin.ch

EINREISEBESTIMMUNGEN

Ausweispapiere: Besucher aus Deutschland, Österreich und der Schweiz erhalten ein gebührenfreies Visum in Form eines *visa on arrival* an der Passkontrolle bei der Ankunft auf dem Flughafen in Dubai. Es berechtigt zu einem Aufenthalt von bis zu 90 Tagen. Eine Verlängerung ist nicht möglich. Kinder benötigen einen eigenen Reisepass. Die Reisepässe müssen noch 6 Monate gültig sein.
Aktuelle Einreisevorschriften: www.vae-botschaft.de
Mit dem in Dubai ausgestellten Visum können Sie innerhalb der ersten acht Tage über den Grenzübergang Hatta kostenlos nach Oman einreisen.
Zollvorschriften: Zollfrei eingeführt werden dürfen 2000 Zigaretten, 400 Zigarren, 2 kg Tabak und 4 l Alkohol (gilt nur für Nicht-Muslime).

GESUNDHEIT

Für die Einreise sind keine **Impfungen** vorgeschrieben. Wegen der Hitze sollten Sie tgl. 3–5 l Flüssigkeit zu sich nehmen (Tee oder Wasser). Leitungswasser ist trinkbar, Mineralwasser eher zu empfehlen (Literflasche im Supermarkt zwischen 4 und 5 AED). Den niedergelassenen Ärzten und vorbildlich ausgestatteten Krankenhäusern kann man sich sorglos anvertrauen. In den staatlichen Krankenhäusern werden Notfälle kostenlos behandelt. In allen anderen Fällen müssen Touristen bar oder via Hotel mit Kreditkarte bezahlen. Eine **Liste deutschsprachiger Ärzte** gibt es beim

deutschen Konsulat unter www.dubai.diplo.de. Der Abschluss einer Auslands-Reisekrankenversicherung ist ratsam.
Medikamente sind im *drugstore* nach US-amerikanischem Vorbild oder in der *pharmacy*-Abteilung der Shopping Malls erhältlich. Infos über die Mitnahme von Medikamenten, die daheim rezeptfrei sind, in die VAE aber nicht ohne ärztliches Rezept eingeführt werden dürfen, unter www.auswaertiges-amt.de/diplo/de/Laenderinformationen/Vereinigte ArabischeEmirate

Informationen

Department of Tourism & Commerce Marketing (DTCM)
One Central, Gebäude 2, 4. Stock, nahe Dubai World Trade Center, T 600 55 55 59, So–Do 8–17 Uhr

Reisen mit Handicap

Dubai ist eine Stadt der Autofahrer. »Barrierefreiheit« spielt erst seit kurzem eine Rolle. Aber es gibt schnelle Fortschritte, insbesondere in den gehobenen Hotels und Restaurants.
Für Rollstuhlfahrer bietet die Dubai Taxi Cooperation Kleinbusse an, die mit Liften ausgestattet sind. Diese ›People of Determination‹-Taxis sind 24 Std. vorher zu reservieren, und man wird, wo immer man es wünscht, abgeholt (T 80 08 80 88). Auch die Metro ist auf Rollstuhlfahrer vorbereitet. Informationen über die barrierefreie Nutzung von Metro und Bussen (www.rta.ae/wps/portal/rta/ae/pod).
Hilfe erhalten Behinderte beim
Dubai Centre for Special Needs,
T 344 09 66, www.dcsneeds.com

Sicherheit und Notfälle

In Dubai und den anderen Emiraten sind Straßenkriminalität, Betrug, Gewalttätigkeit oder Raub so gut wie unbekannt. Aggressiv bettelnde Kinder oder aufdringliche Händler werden Sie keine finden. Falls Sie trotzdem in Schwierigkeiten kommen sollten, hilft Ihnen die Tourism Police (www.dubaipolice.gov.ae), T 901 (gebührenfrei) oder E-Mail: touristpolice@dubaipolice.gov.ae
Notfälle: Polizei T 999
Ambulanz T 998
Feuerwehr T 997
Sperrnummer: Deutsche können EC/Maestro-Karten, Kreditkarten, Handys usw. unter T 0049 11 61 16 oder unter www.sperr-notruf.de sperren lassen.

Frauen können sich in Dubai sehr sicher bewegen – selbstverständlich auch allein reisende Europäerinnen. Dessen ungeachtet gilt: Missverständliche Erfahrungen bleiben denen erspart, die sich Kenntnisse über das Land und seine Sitten aneignen. Die wirksamste Verteidigung gegen freundlich-aufdringliche Bewerber ist immer ein entschiedenes lautes »Nein« in der Landessprache (arab.: *la)*.

Umweltfreundlich unterwegs

Dubais ÖPNV wird von der Roads & Transport Authority (RTA) organisiert und funktioniert nur *prepaid,* d. h. Busse, Metro und Wassertaxis muss man mit einer sog. **Nol Card** (www.nol.ae) bezahlen. Erworben, aufladen und wieder aufladen können Sie sie an Schaltern und Automaten der größeren Metrostationen und Bushaltestellen zu einem Preis ab 25 AED (davon 10 AED Pfand). Das **Metro- und Busnetz** ist in Zonen eingeteilt; jede Fahrt innerhalb einer Zone kostet 3 AED, mehr als zwei Zonen maximal 7,50 AED. Mit dem Betreten und Verlassen des Bahnhofs (unbedingt Nol Card erneut einführen!) wird der entsprechende Fahrpreis von der Nol Card abgebucht. Sie müssen auf Ihrer Nol Card noch ein Mindestguthaben 7,50 AED haben, um eine neue Fahrt antreten zu können. Bei Bussen gilt nur die Nol Card.

Bus

Dubai verfügt über ein ausgezeichnetes öffentliches Busnetz mit vielen

klimatisierten Wartehäuschen. Es wird in erster Linie von Expatriates genutzt und umfasst 119 Linien, die täglich zwischen 4 und 1 Uhr verkehren. Busfahren ist billig (3 AED pro Strecke) und bequem (nur Sitz- und maximal zehn Stehplätze). Die ersten drei Reihen sind **Frauen** vorbehalten. Größter **Umsteigebahnhof** ist die Al Ghubaiba Bus Station (zwischen Al Rifa St. und Al Ghubaiba Rd.) im Stadtteil Bur Dubai. Öffentliche Buslinien fahren auch in die Nachbaremirate Sharjah und Abu Dhabi.
Informationen zu Buslinien und Fahrplänen: RTA, T 800 90 90 (gebührenfrei), www.rta.ae

Fahrrad

Dubai ist keine Stadt für Radfahrer. Wer aber aufs Fahrradfahren nicht verzichten möchte, kann sich auf dem Al Qudra Cycling Course mit einem Leihfahrrad vergnügen (www.trekbikes.ae).

Metro

Seit 2009 verkehrt in Dubai eine vollautomatische Metro zwischen 5 und 1 Uhr (Mo–Do) bzw. 5 und 2 Uhr (Fr, Sa), So 8–1 Uhr im 10-Min.-Takt. Die Red Line fährt von der Station Rashidiya über den Flughafen DXB (Terminal 1 und 3) entlang der Sheikh Zayed Road zur Mall of the Emirates und weiter in Richtung Jebel Ali. Von ihr zweigt seit 2020 die Verbindung zum EXPO-Gelände ab. Seit 2011 besteht als zweite die Green Line. In der Metro darf nur ein schweres Gepäckstück mitgenommen werden. Der erste Wagen ist Frauen vorbehalten; Männer und Familien in allen anderen Wagen. Den Verlauf des Streckennetzes und die Namen der Stationen finden Sie im Cityplan.

Taxi

In Dubai sind ca. 10 000 Taxis zugelassen, alle in sehr gutem Zustand, klimatisiert und cremefarben. Die unterschiedlichen Farben ihres Daches weisen auf das jeweilige Taxiunternehmen hin. Taxis sind für Touristen das eigentliche öffentliche Transportmittel. Die **Grundgebühr** beträgt 5 AED (6–22 Uhr), für Fahrten ab Flughafen 25 AED.

Chauffeurinnen für Frauentaxis

Der Mindestfahrpreis ist immer 12 AED, nach Vereinbarung Pauschalpreis für 6 Std. 500 AED. Taxis winken Sie vom Straßenrand heran, können sie aber auch telefonisch bestellen.
Dubai Transport Company: T 800 08 80 88
Falls Sie etwas im Taxi vergessen haben: T 264 00 00
Wenn Sie beim Verlassen des Hotels nach einem Taxi fragen, holt der Bellboy meist ein Limousinentaxi. Diese stehen nur vor Hotels, sind ca. 50 % teurer, dafür aber auch bequemer, und ihre Fahrer sind immer des Englischen mächtig. Wenn bei Taxis das Taxameter nicht eingeschaltet wurde (egal, ob absichtlich oder ›aus Versehen‹), dürfen und sollen Sie die Bezahlung verweigern und am Ziel einfach aussteigen.
Ladies' Taxi Service: T 208 08 08. Für weibliche Fahrgäste gibt es ca. 50 von Frauen gesteuerte, großräumige Taxis, die an der Dachfarbe Rosa zu erkennen sind. Männer allein werden nicht mitgenommen, Paare schon. Sie verkehren zwischen 6 und 1 Uhr und stehen meistens am Flughafen. Sie können sie bereits vor der Ankunft reservieren oder vom Hotel aus bestellen.

Abras (Fähren)

Eine *abra* (Plural: *abrat*, engl.: *abras*) ist ein mittelgroßer, einfacher Holzkahn mit

Sitzbänken für 20 Personen. Sie pendeln zwischen 5 und 24 Uhr ohne festen Fahrplan über den Creek von Bur Dubai nach Deira und umgekehrt, Fahrpreis: 1 AED.

Dubai Water Bus

Draußen in Jumeirah verkehrt innerhalb der langgezogenen Dubai Marina ein Passagierboot zwischen festgelegten Stationen, bezahlt wird bar; Sa–Do 10–23, Fr 12–24 Uhr, alle 20 Min., Preis 3–11 AED.

Dubai Ferry

Um von der historischen Altstadt zum Jumeirah Beach zu gelangen, bietet sich die Dubai Ferry an. Sie verkehrt zwischen Dubai Creek und Dubai Marina (► S. 24) mit Zwischenstopp an der Einfahrt zum Dubai Water Canal an der Golfküste (Dubai Canal Station). Abfahrt Al Ghubaiba Ferry Station zur Dubai Marina Mall Ferry Station tgl. um 11, 13 und 18 Uhr, Fahrtdauer ca. 2 Std., Preis 50 AED. Mit der Dubai Ferry kann man von der Dubai Marina Mall Ferry Station tgl. um 15 Uhr eine Rundfahrt zum Burj Al Arab und um16.30 Uhr eine Rundfahrt zur Palm Jumeirah und zum Hotel Atlantis unternehmen; Preis: 50 AED. www.dubai-ferry.com.

Autofahren

Dubai ist eine ausgesprochen autofreundliche Stadt. Der Shindagha-Tunnel an der Mündung des Creek und Brücken verbinden die Stadtteile Bur Dubai und Deira, darunter eine Floating Bridge (tgl. 6–22 Uhr). Doch es gibt zu viele Autos, fast immer steht man im Stau.

Parken ist in der Innenstadt Dubais schwierig und kostenpflichtig (3 AED pro Std., bei Nichtbeachtung 150 AED Strafe!). Nur in der Mittagshitze zwischen 13 und 16 Uhr, wenn die Innenstadt leer ist, ist auch das Parken gebührenfrei. In Hotelrestaurants löst man das Parkproblem mit *valet parking* (Erstattung der Parkgebühren bei Verzehr).

Straßengebühren: Auf der zwölfspurigen Skeikh Zayed Road hat die Stadt das Salik-Mautsystem eingeführt. Wer sie benutzt, muss einen Chip an der Windschutzscheibe seines Autos tragen, von dem 5 AED pro Strecke automatisch abgebucht werden. Auch auf der Al Maktoum-Brücke gilt die Salik-Maut (www.salik.gov.ae).

Verkehrsregeln: Anschnallen ist Pflicht, Handy-Benutzung ist dem Fahrer untersagt. Die Promillegrenze liegt bei 0 (!). Geschwindigkeitsüberschreitungen (Radarkontrollen!) werden mit mindestens 200 AED geahndet.

Tanken: Benzin ist sehr günstig. Normalbenzin kostet 3,5 AED/Liter, das entspricht ca. 0,90 €/Liter (Mai 2022).

Unfälle: Bei einem Unfall ist in jedem Fall die Verkehrspolizei (T 269 44 44) hinzuzuziehen. Ohne ihr Protokoll zahlt keine Versicherung.

Leihwagen: Um ein Auto zu mieten, benötigen Sie in Dubai einen nationalen, in den anderen Emiraten der VAE einen internationalen Führerschein (Mindestalter: 21 Jahre). Ein Wagen kostet ab 200 AED/Tag, mit Vierradantrieb ab 400 AED. Ein Dutzend Anbieter, darunter alle internationalen, unterhalten Filialen in der Ankunftshalle des Flughafens und im ganzen Stadtgebiet. Eine Reservierung vor der Reise empfiehlt sich, preisgünstig und zuverlässig aus der Bundesrepublik: www.billiger-mietwagen.de. Das kundenfreundliche Unternehmen arbeitet mit dem jeweils Preiswertesten unter den zuverlässigen Anbietern vor Ort zusammen.

ORGANISIERTE TOUREN

In Dubai gibt es über 100 Reiseveranstalter *(tour operators)*, einige mit Niederlassungen in den Hotels. Prüfen Sie zuerst, ob Sie die Standardangebote (z. B. City-, Shopping-, Museumstour, Dhaufahrt auf dem Creek oder Ausflug nach Hatta) nicht selbst preiswerter organisieren (z. B. per Hotel-Shuttlebus, Leihwagen oder Taxi) können. Wenn Sie sich für einen Tour Operator entscheiden, zwei sehr zuverlässige mit deutschsprachigen Führern:

Arabian Adventure: T (971) 80 02 72 24 26, www.arabian-adventures.com

Orient Tours: T 282 82 38, www.orient-tours-uae.com (mehrfach ausgezeichnet!)

O-Ton Dubai

sabah el khair

Guten Morgen!

sabah el noor

(...) Dein Morgen soll mit Klarheit gefüllt sein.

MASAH EL KHAIR

Guten Abend!

masah el noor

(...) Dein Abend soll mit Klarheit gefüllt sein.

muta assif/udran

Tut mir leid (...)

IN SHA'ALLAH

Wenn Gott will.

MAALISH

(...) Macht nichts.

al hamdu lillah

Dank sei Gott.

in sha állah bukra

So Gott will, morgen.

Ma'a as salama

Auf Wiedersehen!

marhaba!

Hallo, willkommen!

Das Klima im Blick

Reisen bereichert und verbindet Menschen und Kulturen. Wer reist, erzeugt auch CO_2. Der Flugverkehr trägt mit bis zu 10 % zur globalen Erwärmung bei. Wer das Klima schützen will, sollte sich – wenn möglich – für eine schonendere Reiseform entscheiden oder die Projekte von atmosfair unterstützen. Flugpassagiere spenden einen kilometerabhängigen Beitrag für die von ihnen verursachten Emissionen und finanzieren damit Projekte in Entwicklungsländern, die dort den Ausstoß von Klimagasen verringern helfen (www.atmosfair.de). Auch die Mitarbeiter des DuMont Reiseverlags fliegen mit atmosfair!

Abbildungsnachweis
Dubai Tourism, Frankfurt a.M.: S. 7, 14/15, 46, 57, 58, 76, 85, 98
Frauenmuseum Dubai, Dubai (AE): S. 120/7
Getty Images, München: S. 112 (AFP/Oliver Lang); 37 (Amelia Johnson); 40 (Chris Mellor); 78 (Giorgia Aloisio); 64, 65 (Holger Leue)
Huber-Images, Garmisch-Partenkirchen: S. 38 (Udo Bernhart)
Hyatt Regency Dubai, Dubai (AE): S. 49 (Stromberger PR, München)
iStock.com, Calgary (CA): S. 120/9 (Anna_Om); 30 (dinosmichail); 10/11 (Jag_cz); 44/45 (outcast85); 109 (valentinrussanov)
laif, Köln: S. 120/3 (Allpix/Ian Jones); 120/2, 120/4 (Gamma/Ian Jones); 61 (hemis.fr/Patrice Hauser); 26/27 (Loop Images/David Osborn); 4 o. (Lutz Jaekel); 107 (Nick Hannes); 120/1 (Reporters/Ezequiel Scagnetti); Titelbild, Faltplan (Thomas Ebert); 80/81, 82, 102 (Thomas Linkel)
Lookphotos, München: S. 67 (Martin Kreuzer)
MATO, Hamburg: S. 104 (Giovanni Simeone)
Mauritius Images, Mittenwald: S. 105 (Alamy/Dorling Kindersley ltd); 41 (Alamy/Gareth Dewar); 74 (Alamy/Godong); 32 (Alamy/Horizons WWP); 25, 89 (Alamy/Iain Masterton); 97 (Alamy/iDubai); 83 (Alamy/Kairi Aun); 31 (Alamy/Urs Flüeler); 72 (Alamy/Vipula Samarakoon); 4 u. (imagebroker/Karl F. Schöfmann); 70 (imagebroker/Winfried Schäfer); 43 (robertharding/Nico Tondini); 16/17 (World Pictures)
Monica Gumm, Hamburg: S. 22, 29, 53, 55, 56, 68, 86, 90, 101
Regierung Dubai, Dubai (VAE): S. 120/6
Shutterstock.com, Amsterdam (NL): S. 34 (Aleksandra Tokarz); 120/8 (creativei images); 95 (Juliya_Ka); 62 (Nigel J. Harris); 52, 96 (Philip Lange); 8 (Victor Jiang); 73 (Yasser El Dershaby); 92 (Zhukov Oleg)
Stock.adobe.com, Dublin (IE): Umschlagklappe hinten (eranda); 18/19 (Funny Studio); 48 (swisshippo)
Visit Dubai, Hamburg: S. 120/5
Visum, München: S. 51 (Markus Heimbach)
Zeichnung S. 5: Antonia Selzer, St. Peter
Alle weiteren Zeichnungen: Gerald Konopik, Fürstenfeldbruck

Kartografie: © DuMont Reiseverlag, Ostfildern

Umschlagfotos
Titelbild: Burj Al Arab und Jumeirah Beach
Umschlagklappe hinten: Skyline am Abend

Hinweis: Autor und Verlag haben alle Informationen mit größtmöglicher Sorgfalt geprüft. Gleichwohl sind Fehler nicht vollständig auszuschließen. Alle Angaben erfolgen ohne Gewähr. Bitte schreiben Sie uns! Über Ihre Rückmeldung zum Buch und Verbesserungsvorschläge freuen sich Autor und Verlag:
DuMont Reiseverlag, Postfach 3151, 73751 Ostfildern,
info@dumontreise.de, www.dumontreise.de

FSC
www.fsc.org
MIX
Papier aus verantwortungsvollen Quellen
FSC® C018236

3., aktualisierte Auflage 2023

Autor: Gerhard Heck
Redaktion/Lektorat: Sebastian Schaffmeister, Petra Juling
Bildredaktion: Stefan L. Scholtz
Grafisches Konzept: Eggers+Diaper, Potsdam
Printed in Poland

Sheikh Zayed Bin Sultan Al Nahyan

Der hochverehrte, 2004 verstorbene Staatsgründer der Vereinigten Arabischen Emirate war seit 1966 Herrscher von Abu Dhabi und ab 1971 auch Präsident der VAE.

Sheikh Mohammed Bin Rashid Al Maktoum

Seit 2006 ist ›Sheikh Mo‹ unumstrittener Herrscher von Dubai. Er versteht sich als Vorstandsvorsitzender des Unternehmens Dubai.

Sheikh Khalifa Bin Zayed Al Nahyan

Der älteste Sohn des Staatsgründers war 2004–2022 Herrscher von Abu Dhabi und zugleich Präsident der VAE. In seiner Regierungszeit nahmen die VAE 2020 diplomatische Beziehungen zu Israel auf.

Sheikha Haya Bint Hussein

Die sechste Ehefrau von Sheikh Mohammed Bin Rashid Al Maktoum. Sie lebt nach ihrer spektakulären Scheidung von Sheikh Mohammed bin Rashid al Maktoum seit 2019 in London.

Issam Kazim

ist seit 2014 der CEO der Dubai Corporation for Tourism and Commerce Marketing. Der 39-Jährige wird vom Wirtschaftsmagazin Arabian Business zu den 100 einflussreichsten jungen Arabern gezählt.

Ohoud Bint Khalfan Al Roumi

ist seit Februar 2016 als Staatsministerin der VAE für das Glück zuständig. Ihre Aufgabe ist es, Projekte und Programme zu entwickeln, die die Menschen dort glücklicher machen.

Prof. Dr. Rafia Ghubash

ist Psychologin und Gründerin des Frauenmuseums in Dubai. Ihr gesellschaftliches Engagement gilt der Anerkennung des weiblichen Beitrags zur Entwicklung des Emirat.

Sheikh Ahmed Bin Saeed Al Maktoum

gründete 1985 Emirates Airlines mit einer Maschine aus Militärbeständen, 2021 besaß das Unternehmen 259 eigene Flugzeuge.

Burj Al Arab

Punktgenau zur Jahrtausendwende eröffnete das Burj Al Arab. Es ist inzwischen eines der bekanntesten Hotels der Welt und das Synonym für das Emirat.